Les enjeux sociaux de l'Union économique et monétaire

Presses Interuniversitaires Européennes
European Interuniversity Press
PIE-EIP
Bruxelles

Philippe POCHET & Bart VANHERCKE (eds)

Les enjeux sociaux de l'Union économique et monétaire

observatoire
social
européen
•
osservatorio
sociale
europeo

Collection « *Travail & Société* »
No.17

Actes du colloque organisé par le ministère belge des Affaires sociales, de la Santé publique et de l'Environnement, en collaboration avec le ministère finlandais des Affaires sociales et de la Santé

Avec le soutien de la Commission européenne, Direction Générale V, Emploi, Relations industrielles et Affaires sociales et du ministère belge des Affaires étrangères

Remerciements à Valérie Cotulelli, Françoise Verri et Renaud Smoes

European Interuniversity Press
PIE-EIP
Bruxelles, 1998
Email : pie@skynet.be – **Website** : www.pie-eip.com

ISBN 90-5201-805-7
D/1998/5678/08

Table des matières

PRÉFACE

L'Union Économique et Monétaire (UEM) devient chaque jour une réalité plus tangible. Indubitablement, l'UEM marquera un changement fondamental et positif dans l'histoire de l'intégration européenne et des États membres. Elle soulèvera aussi bon nombre de questions, notamment relatives à la sécurité sociale.

Désireuse d'alimenter le débat, en commençant par identifier ces défis, en tant que ministre belge des Affaires sociales j'ai décidé de convoquer une rencontre sur le thème des « Défis sociaux de l'Union économique et monétaire ». Ce colloque, qui s'est déroulé le 20 janvier 1998 à Bruxelles, a été organisé en collaboration avec la ministre finlandaise des Affaires sociales et de la Santé, sous les auspices du ministre belge des Affaires étrangères et de la Commission européenne.

Selon nous, cette réunion a permis de dégager des solutions et de déterminer de nouveaux instruments, susceptibles d'anticiper et de répondre aux défis de demain. Parmi ceux-ci, je fais notamment allusion aux exigences budgétaires du traité de Maastricht et du Pacte de stabilité, à l'influence de l'UEM sur le financement de la protection sociale et sur les relations du travail, à la place du volet social dans la construction européenne, bref, à la future politique sociale européenne.

Vous retrouverez tous ces thèmes, et d'autres, dans cet ouvrage. Il rassemble les versions révisées ou complètement remaniées des contributions présentées durant le colloque, ainsi qu'une contribution originale sur les débats relatifs aux enjeux sociaux de l'UEM dans les différents États membres. L'introduction présente les principaux enjeux identifiés durant le colloque et par les contributaires au présent ouvrage.

Comme l'a souligné mon homologue finlandaise, personne, lors de cette réunion, n'a remis en question le principe de l'UEM. Le sentiment général est qu'en bout de course, elle sera profitable à nos sociétés, même s'il est vrai que, comme l'a rappelé Erik Derycke, l'intégration européenne ne rallie pas vraiment les suffrages de tous les citoyens. Pour convaincre les populations d'Europe de l'importance de ce processus historique et politique, l'Union devra faire montre de détermination en relevant ces défis. Et cela ne se fera pas sans mal, avec ou sans l'euro.

Je crois que grâce à ce colloque et à cette publication, probablement la première de ce type dans l'Union, deux gouvernements et de hauts responsables de la Commission, du Parlement européen, des milieux universitaires, de l'administration et des partenaires sociaux ont mis en lumière la place prééminente que mérite la dimension sociale. Nous espérons que cet ouvrage donnera à ce message encore plus de poids.

Magda De Galan
Ministre belge des Affaires sociales

LES ENJEUX SOCIAUX DE L'UNION ÉCONOMIQUE ET MONÉTAIRE : PANORAMA

Bart VANHERCKE

INTRODUCTION

Le 1er janvier 1999, l'introduction de la monnaie unique marquera le début de la troisième et dernière phase de l'Union Économique et Monétaire (UEM). À cette date, la parité définitive entre l'euro et les devises nationales sera fixée. Les États membres ne pourront plus ni dévaluer, ni avoir recours à l'inflation pour apurer leurs dettes. À la suite du « Pacte de stabilité et de croissance », les déficits publics devraient être plafonnés à 3 %. Si les avantages de la monnaie unique semblent évidents (suppression des frais de change, transparence des prix, etc.), ses conséquences sur l'emploi et la protection sociale laissent cependant beaucoup de questions ouvertes. En effet, comme les gouvernements nationaux n'auront plus aucune prise sur la politique monétaire, laquelle relèvera entièrement de l'autorité de la Banque centrale européenne, et comme leur marge de manœuvre budgétaire sera réduite à portion congrue, nombreux sont ceux qui redoutent qu'en cas de choc économique, la protection sociale et le marché du travail deviennent des instruments nationaux de compétitivité et de stabilisation macro-économique, engendrant une réduction des salaires, un regain de flexibilité, une diminution des recettes fiscales, une baisse de la protection sociale, etc.

Cette introduction se limite à présenter, de façon synthétique, les principaux arguments du débat sur les enjeux sociaux de l'UEM, développés lors du colloque du 20 janvier 1998 et dans les contributions réunies dans le présent ouvrage. Elle s'articule autour de cinq thèmes clés : 1) les exigences budgétaires du traité de Maastricht et du Pacte de stabilité ; 2) l'influence de l'UEM sur le financement de la protection sociale et les relations industrielles ; 3) la place réservée à la dimension sociale dans la construction européenne ; 4) l'avenir possible et souhaitable de la politique sociale européenne ; et enfin, 5) les fondements politiques du débat.

1. LES EXIGENCES BUDGÉTAIRES DU TRAITÉ DE MAASTRICHT ET DU PACTE DE STABILITÉ

Dans le débat sur les défis sociaux posés par l'UEM, la norme des fameux « 3 % » fixée par le traité de Maastricht, qui a soulevé la polémique que l'on connaît, apparaît indubitablement comme le thème le plus « allèchant ». Certains y voient du reste la marque tangible de l'absence de dimension sociale de l'UEM. Si cet argument semble plus que contestable, il n'en reste pas moins que la plupart des économistes paraissent se rejoindre sur un point : les critères spécifiques de convergence du traité de Maastricht sont dépourvus d'assises économiques. L'histoire a, en effet, prouvé qu'il est parfaitement possible de supporter un déficit public plus élevé. En outre, par rapport aux tentatives précédentes, plus hardies, de formuler les principes politiques d'une union monétaire, le traité de Maastricht, pourtant considéré comme ambitieux, témoigne d'une attitude très libérale envers les politiques budgétaires nationales.

Si les critères choisis restent discutables, les critiques ne parviennent toutefois pas, selon Niels Thygesen, à renverser les arguments en faveur de limites obligatoires imposées au déficit public. En effet, en leur absence, certains États membres pourraient être tentés par des politiques budgétaires excessivement laxistes qui, à leur tour, pourraient contraindre la Banque centrale européenne à revoir ses taux d'intérêt à la baisse. Des contre-arguments existent, bien sûr. La plupart des économistes semblent néanmoins s'accorder sur le fait qu'un plafond obligatoire se justifie sans pourtant nécessairement adhérer à celui imposé par le Pacte de stabilité et de croissance.

Reste encore à voir les modalités pratiques de mise en œuvre des politiques. Avec le traité de Maastricht, les gouvernements européens ont choisi deux garde-fous pour contrer les effets de politiques budgétaires déviantes : premièrement, les critères de convergence budgétaire (par exemple la norme des « 3 % ») comme condition d'entrée dans l'UEM et, deuxièmement, la procédure de respect de cette norme pour les pays participant à l'UEM. En réalité, ce sont les ambiguïtés de cette dernière procédure qui ont donné jour au Pacte de stabilité et de croissance. Celui-ci précise les engagements budgétaires à moyen terme, en indiquant les sanctions financières, en détaillant et en accélérant la « procédure de déficit excessif ». Quant aux engagements budgétaires à moyen terme, ils portent sur le maintien de budgets publics proches de l'équilibre, voire en léger excédent, tout en confirmant le plafond des déficits budgétaires à 3 % du PIB. Élément crucial pour la procédure de déficit excessif, le Pacte de stabilité définit les circonstances dans lesquelles le déficit pourra dépasser les 3 % sans déclencher de sanctions. Les ministres européens de l'Économie et des Finances (ECOFIN) s'engageant à voter des sanctions dans tous les autres cas. Les dispositions disciplinaires du Pacte de stabilité et de croissance risquent, dans certains cas, d'être soumises à de fortes tensions, par exemple lorsque des sanctions seraient requises mais que le Conseil ECOFIN ne les appliquerait pas ou si le pays contrevenant venait à refuser de se plier à la règle.

Certains considèrent que des lignes directrices contraignantes en matière budgétaire constituent un aspect indubitablement négatif. Ils soulignent l'importance démesurée accordée aux dispositions à court terme visant à remplir les critères imposés. En revanche, un aspect positif est que les États membres seront forcés de poursuivre leur assainissement budgétaire, ce qui sert, fondamentalement, leur propre intérêt à long terme. Plusieurs auteurs soulignent qu'avec ou sans union monétaire la nécessité de restaurer les finances publiques s'imposait. Sous cet angle, l'UEM serait venue à point nommé, faisant office de bouc émissaire et de paravent à un ensemble de mesures impopulaires, notamment en matière de protection sociale. Soulignons cependant que quelques États membres ont recouru à un double discours qui consistait à justifier le changement par les critères de l'UEM, tout en affirmant que ces réformes étaient, quoi qu'il en soit, nécessaires. En effet, dans certains pays, la protection sociale n'a pas été touchée ; en revanche, d'autres gouvernements ont entrepris des réformes fondamentales, sans faire allusion, du moins en public, aux critères de l'UEM.

2. L'INFLUENCE DE L'UEM SUR LE FINANCEMENT DE LA PROTECTION SOCIALE ET LES RELATIONS SOCIALES

L'impact théorique de l'UEM sur la protection sociale et son financement sont, selon Johannes Pakaslahti, passibles de deux modèles aux implications contradictoires. Selon un premier scénario, on ne peut envisager l'UEM sans politiques budgétaires strictes ni rigueur au niveau de la dette publique, synonymes de coupes claires dans les dépenses. Cette perspective suppose une modification des priorités budgétaires se traduisant par une réduction des financements au secteur public, en général, et plus particulièrement, à la protection sociale. D'après un second scénario, plus optimiste, l'UEM stabilise les économies, encourage la croissance et le développement économiques, par l'augmentation des revenus et l'amélioration de la situation de l'emploi. Dans cet enchaînement, les revenus fiscaux sont susceptibles d'augmenter, ce qui, en bout de course, signifie que l'UEM joue à l'avantage de la protection sociale et de son financement. Le second scénario n'est pas sans rappeler la logique du rôle minimaliste donné à la politique sociale dans le traité de Rome ; les pères fondateurs de l'Union misant sur l'amélioration automatique des conditions sociales, engendrée par l'intégration économique.

Dans plusieurs États membres, les similitudes entre le premier modèle et la situation actuelle sont manifestes. Soulignons cependant que l'UEM, en elle-même, ne devrait pas être tenue pour responsable de toutes les difficultés rencontrées dans le financement des systèmes de protection sociale. Tout d'abord, parce que les ajustements des systèmes de protection sociale se révèlent nécessaires, étant donné les difficultés économiques. Ensuite, parce que le traité de Maastricht n'impose aucune exigence de limitation des dépenses sociales : ces choix ont été opérés au niveau national. Enfin, parce qu'il semble ardu d'évaluer jusqu'où les critères de convergence ont été utilisés pour justifier des mesures qui auraient, quoi qu'il en soit, été prises. En définitive, il est extrêmement difficile de distinguer entre ce qui découlerait directement ou indirectement de l'Union monétaire et ce qui serait imputable à d'autres facteurs comme la mondialisation, les tendances démographiques, le niveau d'activité, le changement dans les modèles familiaux, etc. Dès lors, il faut faire une claire distinction entre les conséquences perçues et les implications réelles de l'UEM.

Dans l'un et l'autre scénarios, la politique fiscale constitue un élément central. En effet, sans la possibilité de dévaluer la monnaie, le risque que la fiscalité devienne, plus encore qu'aujourd'hui, un instrument national de compétitivité et une variable d'ajustement en cas de chocs économiques, s'accroît. C'est pourquoi les partisans d'une coordination fiscale, voire d'une harmonisation au niveau européen, se font de plus en plus nombreux. Ceci permettrait de faire glisser le financement de la protection sociale d'une imposition du facteur travail à une imposition du capital, de la consommation, de l'énergie ou de la pollution. Ici, l'Union dispose d'une certaine marge de manœuvre, puisque l'imposition sur le capital est, dans l'ensemble, inférieure de 10 % à celle des États-Unis. Comme la Commission européenne l'a démontré, dans l'Union européenne, la taxation du facteur travail n'a cessé d'augmenter depuis quinze ans, alors que la taxation frappant le capital, les travailleurs indépendants et l'énergie est allée en s'amenuisant. Dans les années à venir, le report de la pression fiscale sur le capital sera inévitable, en raison de l'érosion progressive des autres bases d'imposition (comme le travail qualifié ou la consommation de services).

En réalité, l'harmonisation fiscale est un dossier extrêmement complexe, principalement en raison de l'exigence d'unanimité dans la prise de décision. À cet égard, on ne peut minimiser les résultats du premier Conseil ECOFIN de décembre 1997 marqué par le vote d'un train de mesures (non contraignantes) destinées à contrer la concurrence préjudiciable entre États membres (voir la contribution d'Angelo Cardani). Le volet principal de cet accord concerne un code de conduite de l'impôt sur les sociétés, par lequel les États membres s'engagent à réétudier tous les « régimes spéciaux » existants (entendez les paradis fiscaux) et à décider de leur maintien ou de leur suppression dans des délais déterminés. De son côté, la Commission doit être plus vigilante face à l'introduction de nouveaux « régimes spéciaux ». L'autre chapitre de ce train de mesures est constitué par un accord sur les grands principes de la taxation des revenus sur l'épargne.

Il va de soi que l'impact de l'UEM dépassera largement le cadre de la protection sociale. Dans la mesure où le travail deviendra, avec la protection sociale, une variable importante de l'ajustement en cas de chocs économiques, il semble inévitable que l'UEM ait une certaine incidence sur les relations industrielles. Dès lors, plusieurs auteurs décèlent le besoin, pour les partenaires sociaux, d'élargir leurs perspectives : le dialogue social européen s'en trouverait intensifié, même si d'aucuns voient sa fin avec l'entrée dans la troisième phase de l'UEM. Quoi qu'il en soit, nous disposons d'ores et déjà des preuves des effets (parfois profonds) de l'anticipation de l'UEM sur les relations industrielles nationales. Dans les différents États membres, elle entraîne des réponses similaires pour ce qui a trait à la formation des salaires (voir la contribution de Philippe Pochet). Bien sûr, la cohérence des systèmes nationaux de formation des salaires doit encore être mise à l'épreuve dans l'Union monétaire. Ces questions doivent être intégrées dans un cadre plus large, celui de la dimension sociale d'une union monétaire.

3. LA PLACE DE LA DIMENSION SOCIALE DANS LA CONSTRUCTION EUROPÉENNE

Lorsque l'on se penche sur les différentes étapes de l'intégration européenne depuis sa naissance, on peut constater une volonté politique d'assurer, à chaque nouveau pas franchi dans l'intégration économique, un certain équilibre entre le social et l'économique. Dès lors, nous sommes en droit de supposer que les négociateurs du traité de Maastricht étaient conscients des modifications fondamentales qu'apporterait ce texte dans les domaines fiscal et monétaire et de leurs conséquences non négligeables sur la protection sociale et les conditions de travail.

Dans ce cas, pourquoi le volet social a-t-il reçu aussi peu d'attention durant la Conférence intergouvernementale (CIG) qui a préparé le traité de Maastricht ? Selon Johannes Pakaslahti, ce fait est notamment dû à la structure de la CIG, décomposée en deux procédures parallèles. La première conférence gravitait autour de l'union politique européenne, la seconde concernait l'UEM. Alors qu'au départ, la CIG devait surtout permettre de décider des mesures qui feraient suite à la réalisation du marché intérieur (qui aurait sans doute accordé une meilleure place à la dimension sociale), l'atmosphère politique du moment a fait que toute l'attention s'est portée sur la négociation de l'union politique. La structure duale de la CIG a également eu pour conséquence que les grands thèmes économiques et sociaux n'ont pas été élaborés autour de la même table ; la composition de la conférence sur l'UEM (sous les auspices des ministres des Finances) n'a pas permis à ceux qui se préoccupent de la protection sociale de se faire entendre.

S'il est vrai que « Maastricht » n'a pas brillé par son volet social – les négociations concernant l'union politique ont conduit à un compromis, instaurant des instruments de politique sociale plutôt inefficaces, comme l'Accord sur la politique sociale annexé au traité. On peut néanmoins avancer que le nouveau traité d'Amsterdam (encore non ratifié) modifie cette situation. En effet, l'Accord social a été intégré dans le traité, on a également progressé dans les domaines de l'égalité des sexes et de la non-discrimination, enfin et surtout, on a mis l'accent sur l'emploi, ce qui est un aspect essentiel pour la protection sociale et son financement. Certains soutiennent que le traité d'Amsterdam a induit un « nouvel équilibre ». Ceci semble exagéré mais il n'en reste pas moins qu'au niveau social, des progrès considérables ont été accomplis, surtout lorsque l'on pense qu'en 1995, personne ne considérait que ce sujet devait être abordé lors de la CIG. D'autres pensent que le social est, à dessein, structurellement sous-développé par rapport à l'économique, pour laisser libre cours à la dynamique de marché et, en bout de course, engendrer la « restructuration » du « coûteux » État providence.

Le Conseil extraordinaire de Luxembourg de novembre 1997 a permis de concrétiser les instruments et procédures arrêtés à Amsterdam et de poser les bases d'une stratégie européenne de l'emploi. Celle-ci se fonde sur des lignes directrices (arrêtées au plus haut niveau par les chefs d'État ou de gouvernement), des plans d'action nationaux et une procédure de contrôle (la surveillance multilatérale). L'emploi a été reconnu comme un domaine d'intérêt commun. Dans ce contexte, certains ont mis en garde contre une éventuelle mise en cause de la sécurité sociale et notamment des systèmes d'indemnisation du chômage au nom des objectifs en matière d'emploi. En effet, tant que les mesures en matière de formation et d'expérience professionnelles ne garantiront pas un emploi « décent », il serait inconcevable d'obliger un chômeur à l'accepter et de le pénaliser financièrement en cas de refus.

Plusieurs spécialistes soulignent le fait que si l'UEM doit avoir des conséquences positives sur l'emploi, il faut accompagner la politique monétaire par un ensemble de mesures complémentaires. En la matière, le traité de Maastricht fournit une série de mécanismes de coordination économique qui ont été affinés et orientés vers l'amélioration de l'emploi, plus particulièrement par la résolution sur l'emploi et la croissance. Comme le souligne Freddy Willockx, le sommet de Luxembourg de décembre 1997 a permis d'avancer dans la coordination de la politique économique.

Dans ce débat sur la place de la politique sociale dans la construction européenne, n'oublions pas l'acteur important que constitue la Commission européenne. Par le passé, cette institution semble avoir investigué plus franchement les implications sociales de l'instauration de l'UEM. Si l'on peut aujourd'hui reprocher le caractère flou de son approche, il faut néanmoins reconnaître que tous les documents publiés par la Commission mettent en exergue l'importance de la politique sociale en général aux niveaux communautaire et national et n'ont de cesse de rappeler le lien entre l'économique et le social. Il s'agit d'une orientation stratégique fondamentale aux yeux de M. Pakaslahti.

4. QUELLE TENEUR POUR LA POLITIQUE SOCIALE EUROPÉENNE ?

On peut au moins dégager deux raisons qui militent en faveur d'une attention accrue à la question de la protection sociale. Premièrement, le processus d'intégration économique européenne devrait influencer les systèmes nationaux de protection sociale, que ce soit en ce qui concerne la liberté de circulation des travailleurs ou de prestation de services financiers transfrontaliers (par exemple, la retraite complémentaire), en termes de droit de la concurrence ou d'évolution des services de santé, voire d'arbitrage entre la politique industrielle et la politique sociale ; enfin, et surtout, par les effets possibles des contraintes budgétaires imposées par le Pacte de stabilité et de croissance. Deuxièmement, les systèmes nationaux de sécurité sociale, quelles que soient leurs disparités, sont confrontés aux mêmes défis : l'impact des changements démographiques, la hausse du coût des soins de santé, l'augmentation du chômage et de la pauvreté, etc. Pour y faire face, les États membres ont tout à gagner d'un échange d'expériences.

Étant donné que l'intégration économique a une incidence sur la protection sociale, comment les instances européennes peuvent-elles relever ces défis dans l'élaboration de leurs politiques ?

À l'instar de Patrick Venturini, on peut imaginer plusieurs scénarios : dans le premier, plus ou moins reflet de la situation actuelle, l'influence de l'Europe se limite d'abord à la coordination des systèmes de protection sociale, dans une perspective de liberté de circulation et, ensuite, à l'alimentation des débats par le truchement de communications (l'échelon européen comme plate-forme pour l'échange d'expériences). Le deuxième scénario nous propose une protection sociale reconnue comme la pierre angulaire du modèle social européen qui doit être adaptée à la nouvelle réalité économique et sociale imposée par la mondialisation, tout en étant préservée et encouragée. On peut alors imaginer une coopération soutenue, fondée sur une communauté d'objectifs, des recommandations et un suivi de ces dernières au travers d'une surveillance multilatérale (c'est d'ailleurs ce à quoi nous assistons actuellement dans le domaine de l'emploi). Plus ambitieux, le troisième scénario envisage une Europe qui définirait et défendrait des valeurs fondamentales et les acquis sociaux, sous la forme de minima sociaux exigibles.

Aussi attractive que soit l'idée d'une ambition croissante de l'Europe à exercer une influence sur les questions de protection sociale, il ne faudrait pas oublier qu'en réalité c'est une tendance inverse qui se remarque. Alors qu'au début des années 90, le second scénario s'était traduit par deux recommandations du Conseil – l'une sur la convergence des politiques de protection sociale, l'autre sur le revenu minimum – la situation au plan européen semble être revenue, à la fin de la décennie, au premier scénario, par le biais de deux communications : celle de 1995 sur le futur de la protection sociale et celle de 1997 sur la modernisation et l'amélioration de la protection sociale.

Quelles sont donc les mesures que devrait prendre l'Union ? On avance généralement qu'une harmonisation des systèmes de sécurité sociale ou de la politique sociale n'est pas envisageable et encore moins souhaitable, que le niveau national doit garder la maîtrise de la protection sociale. Sur ce point, Sinikka Mönkäre met en évidence le paradoxe suivant : si l'Union européenne accordait plus d'attention à la protection sociale ce ne serait pas au détriment des États. Au contraire, ces derniers y retrouveraient une part au moins des marges de manœuvre perdues dans la mondialisation des économies. D'après Freddy Willockx, l'Union européenne devrait proposer aux États membres un cadre orienté autour de trois axes. Tout d'abord, les objectifs de la sécurité sociale seraient coordonnés et orientés vers la garantie de revenus minimums et la fourniture de services sociaux ; ensuite, des critères de convergence seraient appliqués en matière d'emploi, de protection sociale et de salaires ; enfin, les politiques fiscales seraient coordonnées en ce qui concerne la taxation des revenus du capital, la consommation d'énergie et la fiscalité environnementale. Sur ce dernier point, Niels Thygesen suggère un système de transferts fiscaux modestes et bien ciblés entre les participants à l'UEM, afin d'amenuiser les disparités dans l'évolution de l'emploi. Cette solution, réalisable à moindres frais (le budget européen devrait être augmenté de 0,2 % par rapport au PIB de l'Union), pourrait apporter des résultats notables. L'idée de base est que les différentiels d'évolution du chômage sont des indices pertinents de chocs particuliers. Dès lors, il se produirait un transfert vers les États dont le chômage s'élève par rapport aux autres États membres. Qui dit système de ce type, dit évidemment degré élevé de transparence dans les politiques de marché de l'emploi et reconnaissance mutuelle du fait que les sources d'une aggravation relative des performances en matière d'emploi ne sont pas, aux yeux des autres gouvernements, le résultat d'une politique inadéquate de l'État membre en question.

Dans le même ordre d'idées, Philippe Pochet propose de limiter l'utilisation de ces transferts à des mesures spécifiques : seules ce que l'on appelle les politiques de l'emploi « actives » (formation, encouragement à la mobilité géographique, etc.) bénéficieraient d'une aide. D'autres mesures pourraient contribuer à un certain niveau de convergence sociale dans les résultats *(output)* entre les systèmes de protection sociale des États européens. Ces dernières peuvent aller de l'amélioration des statistiques et des méthodes comparatives à l'élargissement du Conseil Affaires sociales à des réunions conjointes entre les ministres ECOFIN et ceux chargés de la sécurité sociale. Philippe Pochet propose aussi de créer un fonds d'investissement européen et d'accroître le budget communautaire, même si ce projet reste, à l'heure actuelle, irréaliste d'un point de vue politique. Ces différentes mesures relèvent de choix politiques.

5. LE DÉBAT SUR LA PROTECTION SOCIALE ET L'UEM : UN CONTENTIEUX FONDAMENTALEMENT POLITIQUE ET IDÉOLOGIQUE

En définitive, le débat sur l'UEM et la protection sociale ne serait-il pas, fondamentalement, un contentieux idéologique ? Que voulons-nous comme société ? Désirons-nous voir le politique prédominer l'économique ? Croyons-nous qu'à long terme l'économie de marché apportera une solution aux inégalités sociales d'aujourd'hui ? Si nous privilégions la dimension politique, l'Europe devrait devenir plus démocratique, ce qui implique une réelle européanisation des acteurs politiques et des partenaires sociaux. À cet égard, beaucoup d'auteurs demandent l'abandon de la règle de l'unanimité au Conseil, du moins pour des matière comme l'emploi, la sécurité sociale ou la fiscalité. D'autres ont préconisé un rôle plus important du Parlement européen et de la Commission dans ces domaines.

Ceci nous amène au fait que, comme l'ont largement souligné Magda De Galan et Sinikka Mönkäre, l'UEM est avant tout un projet politique. À l'origine, elle devait renforcer et étayer la coopération entre les États membres par la création d'une zone de stabilité monétaire. En outre, elle est l'un des paramètres essentiels de l'autonomie et du poids de l'Europe dans une économie mondialisée, assure sa visibilité, et rend plus concrète pour le citoyen et garantit le caractère irréversible de l'intégration européenne à l'aube de l'élargissement. Des objectifs en effet éminemment politiques.

La mise en évidence de l'importance politique de ce projet ne peut excuser l'omission de certains défis relevés ici. Comme l'a montré Erik Derycke, le sentiment des citoyens à l'égard de l'Union ne dépendra pas du maintien de la paix et de la sécurité mais de la mesure, tout aussi importante, dans laquelle l'Union parviendra à répondre à leurs attentes prioritaires qui sont principalement de nature socio-économique.

PACTE DE STABILITÉ, SOUTENABILITÉ DE LA DETTE ET EURO[1]

Niels THYGESEN

INTRODUCTION

Les problèmes de politique budgétaire sont devenus un point crucial aussi bien pour l'admission dans l'Union Économique et Monétaire (UEM) que pour les perspectives à plus long terme de la gestion adéquate de la monnaie unique. Les effets de la récession du début des années 90 ont rendu le critère du traité de Maastricht, imposant aux États membres de maintenir leur déficit public sous la barre des 3 %, beaucoup plus difficile à réaliser que prévu lors de la signature du traité. En effet, ce dernier a été signé à la fin d'une longue période de prospérité qui avait temporairement réduit les déficits. Néanmoins, dès le début, la question de savoir quelles exigences l'Union monétaire imposait à la politique budgétaire était controversée.

Dans ce document, trois points seront abordés. Nous examinerons d'abord, dans la section 1, les arguments fondamentaux en faveur des orientations budgétaires à proposer aux États membres participant à l'UEM. Ensuite, dans la section 2, nous envisagerons comment de telles injonctions devraient être formulées et nous étudierons si le Pacte de stabilité répond à ces exigences. Enfin, dans la section 3, nous essaierons de déterminer s'il subsiste des lacunes majeures dans les efforts de stabilisation macro-économique non monétaire. Les deux exemples potentiels donnés sont la coordination au niveau des agrégats et un éventuel mécanisme de transfert fiscal proposant une certaine protection contre les perturbations nationales indésirables. La section 4 propose des conclusions provisoires.

1. LES ORIENTATIONS BUDGÉTAIRES SONT-ELLES SOUHAITABLES ?

Dès le début du débat sur l'UEM, marqué par la publication du Rapport Delors en 1989 (CCE, 1989), on a avancé trois arguments fondamentaux pour étayer le principe de l'imposition de critères contraignants sous la forme de plafonds aux déficits publics dans l'UEM : premièrement, la nécessité de maintenir un *policy mix* adéquat pour les participants ; ensuite, l'intérêt d'éviter que la politique budgétaire de chaque État membre n'affecte les taux d'intérêt de toute l'Union ; et enfin, le besoin de contrecarrer les incitants nouveaux de laxisme fiscal. Ces trois arguments sont repris par Lamfalussy (1989). Ils ne débouchent pas sur les mêmes recommandations quant au type de contraintes que chaque État devrait s'imposer. Toutefois, ils soutiennent tous trois, de différentes manières, la thèse selon laquelle on ne peut pas simplement laisser les politiques budgétaires nationales à la discrétion des pays participants.

Avant de se lancer dans une discussion portant sur la force de ces arguments, il convient de rappeler deux points élémentaires. Le premier est que la suppression des taux de change ainsi que l'introduction d'une politique monétaire commune confisquent définitivement aux États certains instruments de stabilisation macro-économique dont ils se servaient auparavant pour compenser des déséquilibres externes et internes – même si cette tendance est devenue de moins en moins courante ces dernières années, rendant ainsi l'unification monétaire moins drastique. Cependant et *a priori*, une chose est certaine : il faut éviter, autant que possible, d'imposer des contraintes aux instruments de stabilisation restants qui par ailleurs sont en grande partie budgétaires. Le deuxième point est que le traité de Maastricht, bien que généralement considéré comme ambitieux, révèle effectivement une attitude beaucoup plus libérale envers les politiques budgétaires nationales que les deux précédentes tentatives de formulation de principes politiques en faveur d'une union monétaire[2]. Le Plan Werner (CCE, 1970) prévoyait une forte centralisation des autorités budgétaires sous la forme d'un Conseil des ministres de l'Économie et des Finances remanié (ECOFIN). Dans les perspectives présentées en 1977, le président de la Commission, Roy Jenkins, envisageait le transfert au budget européen de responsabilités importantes en matière de stabilisation et d'allocation, comme une condition préalable au bon fonctionnement de l'Union monétaire (Jenkins, 1977). Ainsi quand on regarde l'état d'esprit actuel à propos des transferts budgétaires à l'Union monétaire, on se trouve face à une version minimale des normes proposées auparavant dans le débat européen. Le réalisme politique et la perte de confiance dans la puissance et dans la précision des instruments macro-économiques ont réduit les ambitions.

1.1 Trois arguments principaux

a) Maintenir un policy mix *approprié*

Le premier argument établit que le *policy mix* de l'UEM pourrait être perturbé si les politiques budgétaires nationales n'étaient pas soumises à certaines contraintes. Le cas de figure le plus probable est celui dans lequel plusieurs États membres mènent des politiques excessivement expansionnistes forçant ainsi la Banque Centrale Européenne (BCE) à durcir de plus en plus sa politique monétaire. La situation opposée est un autre cas de figure (moins probable) : la somme des politiques budgétaires nationales donnerait de tels effets de récession que même une politique monétaire expansionniste ne permettrait pas d'obtenir un résultat satisfaisant en termes de production et d'emploi.

Plusieurs remarques doivent être apportées à cet argument. Première observation : la tâche consistant à garantir un *policy mix* satisfaisant n'a pas toujours été accomplie au sein des États-nations. L'importance (ou du moins l'influence) du pouvoir fédéral en matière budgétaire n'a pas empêché les États-Unis d'aboutir à un *policy mix* tout à fait déséquilibré dans la première moitié des années 80, ni d'ailleurs l'Allemagne de se retrouver dans une situation similaire, près de dix ans plus tard, à la suite de l'unification. Dans les deux cas, des déficits publics géants ont amené les autorités monétaires nationales à mener des politiques extrêmement restrictives. Rétrospectivement, on a reconnu que ces phases ont donné lieu à un *policy mix* nettement sous-optimal. Cependant, il n'a pas été facile de le corriger, peut-être en raison d'importantes erreurs d'analyse et de prévision mais, plus probablement, en raison de la préférence pour des politiques à court terme. Ces expériences suggèrent qu'il faille faire preuve d'une certaine modestie lorsqu'on cherche à mettre sur pied un *policy mix* optimal au sein de l'UEM. Il ne faut pas attendre plus du cadre politique de l'UEM que ce que l'on peut déjà réaliser dans les États-nations.

Une deuxième observation plus fondamentale est que la mesure dans laquelle l'argument du *policy mix* devrait prévaloir, dépend fondamentalement de l'importance des effets de *spill-over* des politiques nationales sur les autres participants à l'UEM. Si les politiques budgétaires nationales n'entraînaient pas d'effets majeurs ailleurs, l'argument en faveur d'un pouvoir collectif qui gérerait les budgets nationaux ne pourrait reposer sur l'argument du *policy mix*.

Les preuves suggérant de telles conséquences importantes sont loin d'être convaincantes. Les simulations réalisées à l'aide de modèles économétriques à grande échelle suggèrent que les effets sont minimes et même qu'on ne peut déterminer si leur impact est positif ou négatif. Ainsi, dans son étude principale sur la monnaie unique (CCE, 1990), la Commission européenne a conclu que l'expansion fiscale allemande avait eu un impact minime sur les trois autres grandes économies européennes – et en fait, dans les trois cas, cet impact s'est révélé légèrement négatif. Tandis que cette étude se basait sur l'expérience globale des décennies précédentes, on a obtenu de nouvelles preuves, plus nuancées, après l'explosion dès 1990 des dépenses et du déficit public de l'Allemagne liée à l'unification. Cet événement a d'abord eu des effets expansionnistes sur les autres pays suite à l'augmentation des importations allemandes. Cependant, après quelque temps (la durée des répercussions dépendant de l'intensité des liens commerciaux avec l'Allemagne), ces effets ont été largement contrebalancés par l'impact de la hausse des taux d'intérêt sur les économies des pays qui avaient arrimé leur monnaie au mark et qui, de ce fait, étaient obligés de suivre la hausse des taux d'intérêt décidée par la Bundesbank. Vers la fin de la récession de 1991-1993, tous les partenaires de l'Allemagne considéraient même que l'impact net était négatif.

Cette expérience suggère que, même si les effets de la demande et des taux d'intérêt sont opposés, ils ne s'annulent pas nécessairement. Les moments où ils se font ressentir peuvent être suffisamment éloignés dans le temps pour donner lieu à des effets temporaires importants, allant dans un sens ou dans l'autre et justifier, en tout cas, les inquiétudes concernant la composition de la demande, même lorsque l'impact net est modeste. L'expansion fiscale d'un pays stimule les exportations de ses partenaires mais fait diminuer les dépenses sensibles aux taux d'intérêt – investissements privés, construction et biens de consommation durables. Ce n'est pas un point neutre ou négligeable.

Bref, l'inquiétude concernant le *policy mix* justifie, dans une certaine mesure, l'imposition de limites à la souveraineté nationale en matière de politique budgétaire. Cependant, il est difficile de formuler des contraintes en termes de règles claires, à savoir des plafonds imposés aux déficits publics. Il se peut que ce qui est acceptable dans certaines phases du cycle économique de l'UEM doive être déconseillé dans d'autres phases. Obtenir un meilleur *policy mix* est un objectif que l'on peut essayer d'atteindre par une plus grande coordination de toutes les politiques macro-économiques et non en imposant des contraintes strictes aux pays qui emprunteraient une ligne de conduite déviante. Cependant, étant donné les incertitudes concernant la transmission internationale des changements dans les instruments de politique nationaux et vu leur impact généralement faible, il semblerait qu'une coordination d'actes volontaires plutôt que d'actes obligatoires suffirait. L'article 103 du traité de Maastricht prévoit une coordination des politiques économiques sous cette forme étant donné que le Conseil ECOFIN peut « élaborer un projet pour les grandes orientations des politiques économiques des États membres et de la Communauté ». Dans la section 3, nous reviendrons sur la mise en application de cette disposition dans la perspective du Pacte de stabilité qui spécifie les éléments reposant sur les règles de la politique budgétaire.

b) Éviter des effets sur les taux d'intérêt au niveau de l'Union

L'argument selon lequel il est utile d'imposer un plafond aux déficits nationaux étant donné que ceux-ci ont une influence sur les taux d'intérêt de toute l'Union est critiquable. Il est vrai que certains États membres peuvent avoir des déficits suffisamment importants pour perturber l'équilibre général épargne/investissement dans l'UEM. Un déficit de 8 à 10 % du PIB d'un État membre important absorbe, en effet, plus de 5 % de l'épargne nette de l'Union. Certaines variations pourraient donc influencer les taux d'intérêt de toute l'UEM.

Cependant, ce type d'impact est, contrairement aux conséquences directes des changements budgétaires sur la demande, une externalité pécuniaire, c'est-à-dire un effet qui ne se manifeste qu'à travers le marché. Du point de vue du rendement économique, il n'y a pas de raison évidente d'imposer des plafonds aux déficits simplement parce que les acteurs sur le marché ont une aversion contre une augmentation du prix marchand de l'épargne[3]. Quoi qu'il en soit, les liens des taux d'intérêt via l'équilibre entre l'épargne et l'investissement passent par l'intégration financière qui est un phénomène mondial, non limité aux pays participant à une union monétaire, bien que l'UEM puisse les renforcer.

c) Prévenir des politiques budgétaires laxistes

Alors que les deux premiers arguments se révèlent, en définitive, insuffisants pour justifier l'introduction de limites obligatoires au déficit, le troisième argument est plus convaincant. Lancer l'UEM sans imposer de telles limites pourrait encourager une attitude globale trop laxiste en matière budgétaire. Certains décideurs nationaux appuient l'UEM, parce que grâce à elle, le financement des déficits externes devient plus prévisible et les effets des politiques budgétaires s'amplifient dans le pays qui promeut cette politique. Manifestement, nous retrouvons ici le pendant de l'argument examiné précédemment. Il se pourrait en effet que, suite à la hausse des taux d'intérêt, l'effet d'éviction se réduise et que le risque d'une crise extérieure augmente. Dans ce nouveau contexte, un conseiller politique pourrait trouver de bons arguments pour conclure que les ambitions budgétaires nationales peuvent être plus grandes. Quant au décideur, n'étant plus soumis aux pressions des marchés financiers, il suivra plus probablement ce conseil.

Si ce changement d'attitude devait se généraliser, la tendance au laxisme augmenterait effectivement. Si l'accumulation de la dette devenait importante au point de poser un problème de financement au pays concerné, la pression exercée sur la BCE pourrait mener à une baisse générale des taux d'intérêt ou à une extension du traitement favorable des instruments de la dette créée par un pays déficitaire pour éviter une crise sur les marchés financiers. Même une BCE très indépendante pourrait, en fin de compte, être obligée de céder.

La théorie macro-économique moderne fournit des arguments à la société pour qu'elle choisisse, à la tête de la Banque centrale, des personnes qui ont plus d'aversion pour l'inflation que l'électeur moyen[4]. Tandis que l'on peut montrer qu'une telle disposition fait diminuer, voire supprime dans certains cas, un « biais inflationniste », on peut avancer un argument apparenté, en faveur d'une limitation formelle des capacités des gouvernements à générer des déficits publics plus importants que prévu (voir notamment Agell *et al.*, 1996). Cet argument est particulièrement pertinent dans un contexte où les risques inflationnistes sont perçus comme minimes en raison de la participation d'un pays à l'UEM.

1.2 Contre-arguments

Dès 1989, Lamfalussy a présenté des arguments contre l'instauration de plafonds budgétaires. Selon lui, les marchés financiers pourraient garder un rôle disciplinaire vis-à-vis des gouvernements tant qu'ils continuent, par une évaluation correcte du risque de crédit, à distinguer les débiteurs publics au sein de l'UEM. L'expérience de certains États fédéraux, par exemple le Canada, montre qu'il existe une relation systématique entre les déficits ou niveaux de la dette des provinces composant ce pays, et les taux intérêt à payer sur les emprunts relatifs à la dette publique. Les primes sont peu élevées, ce qui est peu surprenant puisque les expériences de cessation de paiement ont été extrêmement rares. Les primes susceptibles de frapper les dettes nationales contractées par les gouvernements de l'UEM pourraient dès lors s'avérer incapables de freiner, à elles seules, un gouvernement. C'est du moins ce que prévoyaient les gouverneurs des banques centrales qui étaient à l'origine des arguments en faveur de plafonds budgétaires monétaires. Quoi qu'il en soit, jusqu'à présent, les marchés financiers semblent voir dans la formation de l'UEM une amélioration de la solvabilité de ses membres plus faibles ; ainsi, la prime d'intérêt sur les obligations d'État italiennes à dix ans est passée récemment au-dessous de 0,20 %, anticipant même une quelconque réduction significative du ratio de la dette. S'il s'agit effectivement d'une évaluation implicite du risque de crédit, cela prouverait que les marchés financiers sont loin d'être pleinement convaincus par les dispositions du traité de Maastricht et par les précisions apportées dans les nombreuses déclarations officielles selon lesquelles l'Europe, et plus particulièrement la BCE, ne secourrait pas les États membres qui auraient des difficultés financières. Dans ce cas, des règles budgétaires contraignantes peuvent être considérées comme une correction nécessaire au « laisser faire ». Cet argument est défendu dans les récents travaux de recherche[5].

Une autre façon de s'assurer que les marchés tiennent compte du risque qu'impliquent certaines dettes publiques, aurait pu être d'imposer une classification des risques liée au niveau de la dette[6]. Actuellement, on prétend que la dette publique des gouvernements des pays membres de l'OCDE ne comporte aucun risque au regard des objectifs des réglementations prudentielles. Ce raisonnement est peut-être juste tant que les gouvernements nationaux conservent la possibilité, pour couvrir le service de leur dette, de recourir à l'impression de l'argent dont ils ont besoin. Une fois qu'ils feront partie de l'UEM, ils perdent leur « planche-à-billets ». C'est pourquoi il devient logique de réserver le même traitement à la dette publique qu'à celle des sociétés privées. Cela aurait un impact majeur sur les bilans bancaires ; la directive sur l'adéquation des fonds propres des entreprises d'investissement (Conseil de l'Union européenne, 1993) oblige les banques à détenir des fonds propres à concurrence de 8 % au moins des actifs pondérés par le risque, et si l'évaluation du risque de la dette publique passait, par exemple, de 0 à 20 %, ce qui s'applique déjà aujourd'hui aux dettes des autorités publiques régionales, les gouvernements de l'UEM seraient contraints de devenir moins dépendants des emprunts bancaires. Cependant, il n'y a guère d'empressement politique pour appliquer ces règles, ou du moins les règles les plus radicales liées à un haut degré de risque, à la dette publique au sein de l'UEM.

En définitive, après avoir envisagé les différentes possibilités, force est de conclure qu'il faut imposer des plafonds aux déséquilibres des finances publiques. Et ce, surtout à la lumière du troisième argument, c'est-à-dire les incitants additionnels au laxisme budgétaire, venant de l'entrée dans l'UEM. Les deux autres arguments semblent avoir moins de poids ; ils vont plutôt dans le sens d'une meilleure coordination des politiques de stabilisation non monétaires par les États membres. Compte tenu de tous ces éléments, le point suivant traitera de la formulation des orientations contraignantes requises et des efforts fournis par le Pacte de stabilité pour aller dans le bon sens.

2. MISE EN ŒUVRE DES ORIENTATIONS BUDGÉTAIRES ET PACTE DE STABILITÉ

Si l'on s'accorde déjà à trouver que les orientations budgétaires sont effectivement souhaitables, l'attention peut se focaliser ensuite sur la meilleure façon de les mettre en œuvre. Il faut trouver un compromis entre des règles rigides et une confiance excessive en des notions satisfaisantes d'un point de vue analytique, mais trop vagues, et qui entravent tout contrôle efficace. Nous décrirons d'abord deux cas extrêmes avant d'aborder la solution de compromis concrétisée par le Pacte de stabilité.

Certains observateurs ont vu les États-Unis comme un exemple particulièrement rassurant en matière de stabilité financière. L'État fédéral n'y impose aucune contrainte budgétaire aux États fédérés, mais sur cinquante États, quarante-neuf ont adopté de leur propre initiative une version des *« balanced budget amendements »* (« amendements relatifs à un budget équilibré »), qui les oblige en principe à maintenir chaque année un équilibre entre recettes et dépenses. Dans tous les États, on observe des déficits et des ratios de la dette peu élevés. Cette situation convient sans doute aux États-Unis où le gouvernement fédéral assume la responsabilité de la politique de stabilisation ainsi que d'autres missions. Mais elle ne serait pas appropriée en Europe qui, en raison du réalisme politique concrétisé par ce que l'on appelle le principe de subsidiarité et de l'efficacité économique, a l'ambition de laisser, dans un avenir prévisible, le plus de compétences possibles aux mains des États membres. Vu la situation de départ très différente des membres de l'UEM, on ne pouvait de toute façon pas s'attendre à ce que chaque pays s'engage rapidement à respecter une règle rigide imposant l'équilibre budgétaire année après année. Il fallait nécessairement viser des règles plus souples.

2.1 Une dette soutenable, est-ce un facteur suffisant ?

La plupart des économistes estiment que l'idée selon laquelle la position financière des gouvernements devrait dans un certain sens être soutenable *(sustainable)* est séduisante[7]. Le caractère soutenable de la situation financière d'un pays peut être défini de façon générale comme la situation dans laquelle la dette publique due aux politiques budgétaires actuelles, n'augmentera pas de façon illimitée, et où il est possible de garder stable le rapport dette/PIB, si du moins celui-ci n'a pas été caractérisé d'excessif au départ. Dans une telle situation, la probabilité qu'une crise financière n'éclate quand les marchés commencent à douter de la capacité d'un gouvernement à assurer le service de sa dette est faible. Cependant, quand peut-on considérer qu'un rapport dette/PIB est devenu soutenable ?

La réponse dépend fondamentalement de la différence projetée entre le taux de croissance du PIB réel et le taux d'intérêt réel. Si le taux d'intérêt réel dépasse fortement la croissance du PIB réel – comme ça a été le cas dans les économies européennes depuis la forte hausse des taux d'intérêt en 1979-1980 visant à lutter contre le choc inflationniste de la deuxième hausse généralisée des prix de l'énergie – le rapport de la dette augmentera de façon illimitée sous l'« effet boule de neige » et le poids des paiements d'intérêts croissants, même si le déséquilibre du reste des finances publiques (le déficit primaire) reste faible et stable et même s'il existe un excédent primaire. Normalement, cet excédent sera nécessaire pour stabiliser l'évolution de la dette publique.

Il y a peu, l'écart entre le taux de croissance du PIB et le taux d'intérêt réel a fortement diminué comparé à l'écart de 4 à 5 % qui s'était formé au début des années 90. Les taux d'intérêt à court terme se situant pour le moment à 3,5 % ou moins et ceux à long terme étant sous la barre des 5 % dans les pays de référence de la prochaine zone euro, l'inflation se situant de 1,5 à 2 %, l'écart entre les deux facteurs cruciaux déterminant la soutenabilité de la dette s'est resserré. Il se situe actuellement dans l'intervalle de 0 à 1 %. L'Europe semble donc enfin retourner à la situation moyenne d'avant 1980 caractérisée par un écart proche de zéro. Dans cette optique, de nombreuses analyses réalisées pendant les années 90 par les institutions internationales et dans les universités sur la soutenabilité de la dette, semblent maintenant avoir été exagérément pessimistes. Néanmoins, cela met le doigt sur la première difficulté majeure rencontrée lorsqu'on veut baser les normes budgétaires sur la soutenabilité, à savoir lorsqu'on laisse aux pouvoirs nationaux le soin d'interpréter leurs propres perspectives en matière de croissance et conditions financières ; ces interprétations seront souvent divergentes et inévitablement intéressées.

La soutenabilité de la dette ne peut pas non plus être le seul critère pris en compte car, dans certains cas, il semblerait trop laxiste et dans d'autres trop strict. Pourquoi la norme devrait-elle être de stabiliser le ratio dette/PIB à un niveau particulier et nécessairement arbitraire ? Les pays présentant un faible rapport devraient avoir plus de liberté d'action car, dans leur cas, une augmentation modérée ne pourrait pas être considérée comme un indicateur de non-soutenabilité à plus long terme. Inversement, dans les pays présentant un ratio très élevé, la stabilisation ne suffira pas à éliminer le risque d'une crise financière ; dans les pays où le rapport de la dette dépasse, par exemple, 100 % du PIB, on ne peut fermer les yeux sur un quelconque relâchement des politiques visant à le réduire.

Dans la pratique, définir un indicateur objectif de soutenabilité, capable d'éliminer le besoin d'un jugement discrétionnaire et de minimiser le champ d'interférence politique, s'avérera une tâche insaisissable. Le traité de Maastricht le reconnaît d'ailleurs judicieusement ; il fait d'abord référence à la notion de soutenabilité comme principe général, mais en donne, peu après, une définition pratique : un pays que l'on a sorti de la « Procédure du Déficit Excessif » (PDE) est *ipso facto* supposé avoir des finances publiques saines. Cela nous ramène-t-il au danger opposé à celui d'un excès de flexibilité, c'est-à-dire d'avoir des normes excessivement rigides et non différenciés ? Pas nécessairement si on étudie la procédure de déficit excessif plus en détail et que l'on se penche sur l'explication plus récente que nous en donne le Pacte de stabilité.

2.2 Le traité de Maastricht et le Pacte de stabilité : normes et sanctions

Le traité de Maastricht contient deux clauses de sauvegarde contre les politiques budgétaires nationales fortement déviantes et contre l'instabilité financière qu'elles pourraient occasionner. L'une spécifie les conditions d'adhésion sous forme des critères budgétaires de convergence. L'autre concerne la procédure applicable aux pays participant à l'UEM qui a été fortement renforcée dans le Pacte de stabilité. Ces deux systèmes de sauvegarde sont légèrement différents de ce qui est généralement entendu dans le débat public.

L'application des critères de convergence budgétaire fait pratiquement déjà partie de l'histoire et elle n'a pas abouti aux cas limites prévus depuis longtemps. Grâce à la conjoncture favorable, à savoir un redressement économique qui a automatiquement amélioré les budgets publics en 1996-97, et aux efforts continus de la plupart des pays dont les déficits s'étaient dangereusement élevés à la mi-1990, en vue de les ramener sous la barre des 3 % et ainsi conquérir leur « certificat d'entrée » à l'UEM, onze États membres feront partie du premier groupe des pays participants dès le 1er janvier 1999. Les dispositions de l'article 104c qui prévoient une certaine flexibilité dans la décision de sortir un pays de la procédure du déficit excessif n'ont pas été testées, bien qu'elles restent manifestement importantes pour les adhésions futures à l'UEM. En bref, ces dispositions stipulent que, au moment de l'entrée, il est seulement permis de dépasser faiblement les plafonds, à moins que « le rapport n'ait diminué de manière substantielle et constante et atteint un niveau proche de la valeur de référence » ; en ce qui concerne le rapport de la dette publique, l'exigence d'entrée devra être satisfaite, « à moins que le rapport ne diminue suffisamment et ne se rapproche de la valeur de référence à un rythme satisfaisant ». Ni le traité ni le Pacte de stabilité n'expliquent ce qui peut être considéré comme « satisfaisant »[8]. Dans la pratique, ce manque de précision des exigences à l'entrée est regrettable puisqu'il influencera la solidité de l'UEM, comme nous le verrons ci-dessous.

Nous devons maintenant porter notre attention sur la deuxième garantie, à savoir l'imposition de taux budgétaires après le lancement de l'UEM. À ce sujet, on a reconnu, peu après la signature du traité de Maastricht, que les procédures de mise en pratique étaient trop imprécises et trop lentes pour être utilisées sans problème. Le principe de base était d'imposer des sanctions de plus en plus sévères avec, tout d'abord une pression exercée par les autres pays par le biais de recommandations du Conseil ECOFIN, ensuite des mises en demeure vis-à-vis de la Banque européenne d'investissement et d'autres créanciers concernant les politiques à mener par un État membre, et enfin, vraisemblablement au bout de plusieurs années, des sanctions financières consistant à exiger un dépôt non-rémunéré pour tout pays récalcitrant et dont le déficit excessif n'est pas corrigé. Ce dépôt est ensuite converti en amendes d'un montant approprié. Cependant, le montant approprié des sanctions, le seul à exercer une pression réelle, n'est pas spécifié.

Ayant reconnu ces faiblesses, le ministre allemand des Finances a voulu y remédier en proposant en 1995, ce que l'on appelle un Pacte de stabilité qui, par la suite, a été approuvé par les Sommets européens d'Amsterdam et de Dublin sous le nom de « Pacte de stabilité et de croissance » (Conseil européen, 1997a et b ; Conseil de l'Union européenne, 1997a et b). Ce Pacte présente trois volets principaux : (1) un éclaircissement des engagements budgétaires à moyen terme ; (2) une définition des sanctions financières finales ; et, (3) un scénario détaillé d'accélération de la procédure de déficit excessif.

Le point (1) est fondamental : les participants à l'UEM s'engagent à maintenir un équilibre approximatif, voire un léger excédent, en moyenne sur tout le cycle économique, tout en confirmant la barre des 3 % du PIB comme plafond pendant les années de basse conjoncture. Nous avons ici une version des « amendements relatifs à un budget équilibré » octroyant aux politiques budgétaires nationales un rôle important pour la stabilisation des économies participant à l'UEM. De l'attitude arbitraire imposant des limites rigides aux déficits mesurés pour une année donnée – principe adopté pour décider de l'entrée – on revient à une approche plus structurelle des déséquilibres budgétaires. Lorsque cette perspective, plus satisfaisante d'un point de vue analytique, a été proposée comme alternative dans le débat qui a débouché sur le traité de Maastricht, les responsables, et plus particulièrement les gouverneurs des banques centrales, ont rejeté l'idée que la position budgétaire structurelle d'un pays puisse être utilisée pour évaluer et décider de sa capacité à entrer dans l'UEM. Le concept était considéré comme trop vague et sujet à plusieurs interprétations alors que les déficits budgétaires sont plus facilement mesurables étant donné qu'ils sont à financer sur le marché. Maintenir en permanence un plafond, tout en réintroduisant un objectif à moyen terme, rend les règles budgétaires plus sensées d'un point de vue économique.

(2) Les sanctions financières sont maintenant connues. Le dépôt requis auprès de l'Union, à convertir en amende si le pays connaissant un déficit excessif ne le corrige pas dans les deux ans, atteindra 0,2 % du PIB pour chaque infraction, plus 0,1 % par point de pourcentage de déficit au-delà de 3 %. Le dépôt sera plafonné à 0,5 % du PIB. D'aucuns trouvent que ces sanctions sont mal dessinées car elles tendraient à aggraver une position déjà difficile des finances publiques nationales. Mais il faut garder à l'esprit que, pendant la période de dépôt de deux ans, seul l'intérêt sur les actifs transférés est perdu ; par exemple, compte tenu d'un taux d'intérêt de 5 % et d'un dépôt de 0,4 %, l'aggravation du déficit ne représentera qu'un petit 0,02 % du PIB. En vérité, le plan de sanctions est très gradualiste et n'a guère de poids en termes économiques sauf si le dépôt est en fin de compte converti en amende.

(3) Il devenait urgent d'accélérer la procédure de déficit excessif. Le Pacte de stabilité y est parvenu en télescopant les premières étapes de la procédure en moins d'une année, alors que la formulation de l'article 104c pouvait impliquer une période bien plus longue compte tenu de l'ambiance plutôt « club feutré » régnant au sein du Conseil ECOFIN dans le passé, et mettant une sourdine à toute critique formulée à l'encontre des autres États membres. Cependant, la rigueur va au-delà du simple plan de succession des étapes et se retrouve dans deux éléments essentiels pour que tout contrôle efficace de la procédure de déficit excessif soit crédible. Elle concerne la définition des circonstances dans lesquelles le déficit peut dépasser la barre des 3 % sans déclencher de sanctions, ainsi qu'un engagement préalable à voter en faveur des sanctions dans tous les autres cas.

À ce propos, le Pacte de stabilité définit quelles seront les situations exceptionnelles dans lesquelles les sanctions sont inadéquates, c'est-à-dire quand le PIB d'un pays a diminué de 2 % ou plus en termes réels. Cela s'est rarement produit dans le passé. Pour la période de 1960 à 1997, moins de 1 % des quelque cinq cents observations faites sur les quinze pays membres de l'Union tombent dans cette catégorie de contractions importantes du PIB. Si un pays a subi une diminution de son PIB allant de 0,75 à 2 %, il faudra en discuter au Conseil ECOFIN et chaque ministre des Finances votera en toute indépendance. Il serait réaliste de s'attendre à ce qu'aucune sanction ne soit imposée dans ce cas. Si l'on reprend le même échantillon, près de 5 % de toutes les observations tombent dans la catégorie intermédiaire. Comme la croissance économique deviendra, espérons-le, plus régulière après le lancement de l'UEM qu'au cours des deux décennies précédentes – après les chocs pétroliers de 1973-74 et l'explosion des prix de l'énergie et des matières premières – caractérisées par de nombreuses expériences frustrantes et des politiques de *stop-and-go* il est sûrement exagéré de dire que les exceptions de l'une ou l'autre catégorie pourraient représenter 5 % de toutes les observations annuelles après le lancement de l'UEM. Il est significatif que dans les 95 % des cas restants, si un déficit dépasse le plafond des 3 %, les participants se sont engagés à ne pas recourir aux moyens discrétionnaires dont ils disposent officiellement et à imposer des sanctions.

2.3 Évaluation des résultats

Il y a deux cas de figure dans lesquels on peut considérer que les dispositions disciplinaires du Pacte de stabilité seront positives. Le premier est le meilleur : les sanctions ne devront jamais être appliquées car les participants à l'UEM restent dans les limites établies. Le deuxième cas, tout aussi acceptable mais déjà moins satisfaisant, est celui dans lequel des sanctions ont été requises dans une situation particulière, puis appliquées et acceptées, ramenant le déficit du pays contrevenant dans les limites vertueuses. Un troisième cas, sous ses deux variantes potentielles, serait nettement moins acceptable : soit des sanctions sont requises par le Pacte de stabilité, mais le Conseil ECOFIN ne parvient pas à les appliquer, d'où rupture des engagements préalables ; soit le pays contrevenant refuse de se plier aux règles en ne se soumettant pas à l'obligation de dépôt ou en ne corrigeant pas son déficit excessif. Si une des variantes de ce troisième cas de figure venait à se produire, la confiance dans les dispositions du Pacte de stabilité serait fortement ébranlée.

Il est impossible d'évaluer si les perspectives du Pacte seront positives dans le sens où l'entendent les deux premiers cas de figure. Grâce à l'évolution conjoncturelle récente, débouchant sur un redressement des économies des candidats à l'UEM meilleur que prévu, à la stabilité interne des prix et à des taux d'intérêt historiquement bas, les conditions pour que le lancement de l'UEM se fasse à la date prévue depuis longtemps sont aujourd'hui beaucoup plus propices au maintien de déficits budgétaires à un niveau modéré voire, dans la plupart des cas, à leur réduction par la suite. La France et l'Allemagne qui ont récemment réussi à ramener leurs déficits pour 1997 sous la limite des 3 % pourraient avoir d'énormes difficultés à respecter les dispositions du Pacte de stabilité puisque ces pays ne peuvent pratiquement plus s'attendre à de nouvelles baisses des taux d'intérêt, alors que leurs perspectives de croissance sont plus limitées que celles de la plupart des participants à l'UEM. Si, dès les premiers pas de l'UEM, un des deux participants les plus importants entrait en conflit avec les autres au sujet de l'application des règles, ce serait une mise à l'épreuve particulièrement dangereuse pour les nouvelles procédures.

Étant donné les arguments développés dans la section 2, concernant notamment les incitants pour un laxisme budgétaire croissant dans l'UEM, un règlement du type du Pacte de stabilité était nécessaire. La question de savoir si sa conception pouvait être meilleure dépend de l'évaluation de l'ampleur probable des perturbations qui affecteront les déficits publics.

L'argument le plus communément avancé contre le Pacte de stabilité est qu'il laisse trop peu de liberté d'action aux budgets nationaux et aux stabilisateurs automatiques. Nous avons déjà suggéré que, si les participants à l'UEM s'engagent sérieusement à atteindre un équilibre ou un léger excédent à moyen terme, ils doivent s'être assurés au préalable une marge de manœuvre suffisante pour permettre le fonctionnement normal des stabilisateurs. Les calculs de l'élasticité des déficits budgétaires aux fluctuations de la croissance du PIB suggèrent qu'une diminution réelle de 1 % du PIB détériore l'équilibre budgétaire d'un pourcentage allant de 0,5 % à 0,9 % du PIB (CCE, 1998). Une grande partie de l'effet proviendrait des revenus, bien que les variations des transferts sociaux et principalement des allocations de chômage y contribuent aussi de manière significative dans certains pays. Ces chiffres impliquent que si un participant à l'UEM part d'une situation d'équilibre budgétaire, il peut tolérer une divergence cumulative de près de 6 % de son PIB par rapport à un taux de croissance de base (de 2,5 % par exemple), avant de dépasser la limite des 3 % du rapport déficit/PIB, si sa sensibilité budgétaire est normale (ou faible) ; ou une divergence de 3 à 4 % si son élasticité budgétaire est forte. Les pays de cette dernière catégorie doivent donc faire preuve de plus de prudence et il serait sage qu'ils visent un léger excédent, comme le font actuellement le Danemark et la Suède (bien qu'ils ne fassent pas partie du premier groupe de l'UEM). Résultat : tous les participants à l'UEM, s'ils partent d'une situation de quasi-équilibre budgétaire, pourraient maintenir pendant plus d'un an une croissance zéro sans franchir la limite établie par le Pacte de stabilité. Si le repli économique devient un phénomène généralisé dans l'UEM, il ne faut pas oublier que la politique monétaire commune pourrait être utilisée pour contribuer à atténuer la contraction tant que les risques inflationnistes restent faibles et jugulés. Dans l'ensemble, les politiques budgétaires nationales auront encore un rôle substantiel à jouer dans la stabilisation macro-économique et ce, même après le Pacte de stabilité, tant que les engagements pris dans ce dernier sont respectés.

Les déficits budgétaires sont sensibles non seulement aux perturbations de la croissance du PIB mais également à celles des taux d'intérêt. Idéalement les politiques budgétaires devraient être suffisamment prudentes pour tenir compte des ralentissements de la croissance du PIB et de l'impact d'une montée des taux d'intérêt. Actuellement, cette dernière sensibilité du budget d'un pays est principalement déterminée par le volume de la dette publique et par sa structure d'échéances.

Le scénario catastrophe qui préoccupe certains responsables de la future BCE est le suivant. Un ou plusieurs pays ayant le taux d'endettement le plus élevé (la Belgique et l'Italie sont toujours à plus de 120 %) se rapprocherai(en)t du plafond du déficit alors qu'il serait de plus en plus nécessaire d'augmenter les taux d'intérêt. Dans ce cas, au Conseil de la BCE, les gouverneurs des pays très endettés pourraient fortement s'opposer à une augmentation des taux d'intérêt à court terme – le principal instrument de politique dont dispose la BCE – argumentant que cela conduirait leurs déficits respectifs au-delà de la limite et entraînerait des sanctions. Dans une telle éventualité, le Conseil pourrait être très divisé. Mais il ne faut pas exagérer cette éventualité, d'une part parce qu'après le lancement de l'UEM, les taux d'intérêt évolueront probablement plus lentement et d'autre part parce que les variations des taux d'intérêt à court terme ne se répercutent, même en Italie, qu'après une longue période sur le coût du service de la dette. Par conséquent, le conflit potentiel sera probablement atténué, bien qu'il suggère une raison supplémentaire de se maintenir constamment, en temps normal, sous la barre des 3 %. Dès lors, ne peut-on pas accuser le Pacte de stabilité d'éroder la souveraineté des politiques nationales autres que dans le domaine monétaire, presque autant que le fait la mise en place de la BCE dans celui de la politique monétaire? Ces accusations ne sont pas fondées, bien que le Pacte de stabilité, pris au sérieux, éliminera un élément pernicieux et envahissant des politiques budgétaires passées, c'est-à-dire une tendance à renforcer modérément l'effet cyclique en période de conjoncture favorable.

Mélitz (1997) et la CCE (1998) ont fourni des études suggérant que les gouvernements adoptent ce type d'attitude. Ces deux études montrent qu'au cours de périodes de reprise modérée, lorsque les stabilisateurs automatiques tentent d'atténuer les pressions croissantes pesant sur l'utilisation des ressources, ces effets ont souvent été compensés par un relâchement discrétionnaire des impôts ou par des augmentations de dépenses préalablement reportées. Cette expérience, parfaitement illustrée par l'incapacité des pays de l'Union à améliorer leur situation budgétaire globale au cours des derniers stades de la reprise de la fin des années 80 et au début des années 90 qui marquèrent la fin d'une longue reprise, ne devrait pas être répétée. Le Pacte de stabilité est conçu pour réaliser cet objectif dans la phase actuelle de reprise.

En définitive, malgré ses règles apparemment rigides et ses procédures difficilement compréhensibles, le Pacte de stabilité permet de mieux réconcilier les politiques budgétaires avec la stabilité à moyen terme, qui est aussi le but principal de la politique monétaire commune. Il a déjà contribué à mettre la pression sur les pays qui ont souvent eu des problèmes budgétaires (par exemple l'Italie et la Suède) de manière à augmenter leur capacité à limiter leurs dépenses et à prévoir avec plus de précision comment évoluent leurs budgets totaux. Dans la mesure où le Pacte peut aider ces pays à atteindre ce qui est essentiellement leur propre intérêt à long terme, il leur apporte une contribution majeure.

Dans la section suivante, nous verrons s'il subsiste, dans les politiques macro-économiques de l'UEM, des lacunes que le Pacte n'a pas comblées.

3. LACUNES ÉVENTUELLES DANS LE CADRE POLITIQUE DE L'UEM

La discussion autour des arguments avancés dans la section 1 en faveur des orientations obligatoires pour les politiques budgétaires nationales concluait : un bon dosage politique entre la politique monétaire commune et la somme des politiques budgétaires nationales reste un objectif souhaitable mais il peut difficilement justifier des règles contraignantes étant donné l'impact relativement limité des mesures nationales ; il serait donc préférable d'encourager simplement une meilleure coordination volontaire de ces efforts. Examinons à présent si une telle coordination est susceptible de se développer sans encouragement supplémentaire.

L'article 103 du traité, qui confère cette compétence formelle au Conseil ECOFIN et qui prévoit, après mai 1998, la création d'un nouvel organe ne reprenant que les onze ministres des Finances des pays participant à l'UEM – Euro-11 – suggère que désormais la coordination prévale. Cela s'explique par des raisons économiques et politiques.

En termes économiques, on pourrait croire que le Pacte de stabilité remplace tout ce que l'on peut considérer comme relevant de la coordination. La situation semble analogue à la position de la BCE qui s'est engagée à garantir avant tout la stabilité des prix et qui, par conséquent, ne s'engage pas à stabiliser également la production. Cependant l'analogie est plus subtile : les pouvoirs budgétaires et les pouvoirs monétaires devront parfois décider du rythme souhaitable auquel les perturbations économiques, qui provoquent des écarts temporaires par rapport aux objectifs, devront être éliminées. Si, par exemple, on assiste à une perturbation dont l'incidence se révèle négative sur la production et présente un risque inflationniste pour (la plupart) des participants à l'UEM, la BCE devra décider de la vitesse à laquelle l'inflation future pourra être ramenée sur la trajectoire désirée ; parallèlement le Conseil ECOFIN, tout en continuant à insister sur le maintien des déficits budgétaires sous la limite des 3 % du PIB, devra faire preuve d'indulgence quant aux écarts par rapport aux plans de stabilité déposés antérieurement. La situation inverse, dans laquelle les objectifs budgétaires et en matière d'inflation sont temporairement atteints voire dépassés, pourrait justifier des initiatives visant à adopter une position politique moins austère. La politique économique de l'UEM ne peut pas se limiter à quelques politiques mécaniques basées simplement sur des normes strictes, si souhaitables soient ces dernières, mises en exergue dans le cadre du traité de Maastricht. Elle ne serait d'ailleurs pas acceptée comme telle dans le débat public européen. En outre, il y a le problème de la position externe de l'UEM, que ce soit du point de vue de la balance des comptes courants ou de celui de la force de l'euro, ce qui nécessitera la surveillance du Conseil Euro-11 et une nouvelle évaluation de la pertinence de la position budgétaire globale et du *policy mix*.

On a récemment remarqué que l'extension de la coordination en ce sens sera inscrite à l'ordre du jour des ministres des Finances des pays participant à l'UEM (le Conseil Euro-11) et par conséquent également, à celui du Conseil ECOFIN dont la responsabilité principale reste de limiter les conduites déviantes d'un pays au moyen des dispositions du Pacte de stabilité. Ce serait raisonnable d'un point de vue économique et présenterait deux avantages politiques : les discussions préalables à propos du *policy mix* de l'UEM pourraient faciliter le rôle *in fora* des participants dans la mise sur pied de la coordination politique globale et pourraient protéger la BCE contre les pressions qui se renforceront si les dirigeants de la BCE sont perçus par le public comme étant quasiment les seuls acteurs à occuper la scène politique de l'Union. Le rôle du Conseil ECOFIN (ou du

Conseil Euro-11) dans la coordination des politiques non monétaires pourrait de ce fait protéger, plutôt que mettre en péril, l'indépendance de la BCE.

Beaucoup de critiques s'attendent à ce qu'une politique monétaire commune associée à des politiques budgétaires nationales capables de faire jouer les stabilisateurs automatiques face aux perturbations spécifiquement nationales, offre néanmoins une protection insuffisante contre l'impact des bouleversements que ces perturbations occasionnent. Cette position implique soit de plaider pour un mécanisme de transfert fiscal au niveau européen, soit de rejeter tout le cadre de l'UEM, déclarant qu'il restera inadéquat tant que l'intégration politique n'aura pas progressé significativement. L'absence d'un mécanisme de transfert constitue-t-elle une lacune grave pour l'UEM ?

Il faut faire deux observations importantes mais aucune des deux ne donne une réponse claire à cette question. Premièrement, il est extrêmement difficile d'évaluer *a priori* si les perturbations spécifiquement nationales peuvent atteindre de telles proportions dans l'UEM qu'elles présenteraient souvent des défis insurmontables pour les politiques nationales. Après le lancement de l'UEM, ces perturbations devraient s'atténuer pour deux raisons : le parachèvement de l'intégration économique réduira leur ampleur, et la politique monétaire commune ainsi que le Pacte de stabilité limiteront fortement les problèmes qui, dans le passé, étaient occasionnés par la divergence entre les politiques nationales. Si on accepte ces arguments, le cadre proposé pour l'UEM serait suffisamment solide.

Deuxièmement, si un jour on est amené à considérer qu'il est souhaitable de créer une modeste possibilité de transferts fiscaux, les travaux exploratoires utiles seront déjà réalisés. La Commission européenne, assistée d'un groupe d'experts, a rédigé, il y a quelques années, plusieurs documents qui suggéraient qu'un plan de transferts destiné à réduire les différences dans l'évolution des taux de chômage entre les participants à l'UEM puisse être mis en application sans générer de coûts budgétaires excessifs (CCE, 1993). Les pays présentant de meilleurs résultats que la moyenne procéderaient à des transferts directs (ou via le budget de l'Union) vers les pays présentant des résultats inférieurs à la moyenne. On pourrait quasiment atteindre un degré de protection contre les asymétries équivalent à celui qui existe entre les États composant les États-Unis et ce, en n'augmentant le budget de l'Union que de 0,2 % de son PIB, bien que ce pourcentage puisse être plus élevé pour certains pays au cours de certaines années. Ce coût est étonnamment bas – même si l'on se souvient des difficultés énormes lorsqu'on a voulu augmenter le budget actuel de l'Union à 1,27 % du PIB communautaire – et va à l'encontre de l'impression créée dans le débat public selon laquelle, une fois les transferts fiscaux introduits, on verra d'énormes quantités d'argent passer d'un pays à l'autre.

La difficulté à faire accepter sur le plan politique un projet de cette nature n'est que partiellement liée à son volet financier. On reconnaît que le chômage restera le principal problème des politiques économiques de l'Union dans l'avenir prévisible mais actuellement, dans les États membres, on ne croit guère que les autres pays font de leur mieux pour réduire le sous-emploi. Un plan de transfert pourrait, en dernière analyse, être plus facilement accepté s'il s'attaquait uniquement à la dimension conjoncturelle de l'évolution des taux de chômage nationaux. Cependant cette composante n'est pas considérée comme la source principale des différences récentes, aussi bien en ce qui concerne le niveau du chômage que le sens dans lequel il évolue. Ce sont les facteurs structurels, habituellement repris sous le terme générique d'inflexibilités sur le marché du travail, à différents niveaux, qui sont considérés comme la cause principale du différentiel de taux de chômage et de son évolution. Cette perspective coupe court à toute volonté de solidarité dans ce domaine épineux et sensible.

La situation pourra évoluer peu à peu au cours de la prochaine décennie, au fur et à mesure que les États membres de l'Union intensifieront l'échange d'expériences en matière de lutte contre le chômage. À la suite de ce processus, lancé au cours du Conseil européen de Luxembourg en novembre 1997 (Conseil européen, 1997c), on devrait assister à un regain de confiance mutuelle à propos du fait que les autres pays mettent également tout en œuvre pour endiguer le chômage. Il faudra toutefois attendre un temps certain avant de faire accepter par tous les États que les différences entre les taux de chômage puissent servir de signal déclencheur pour de tels transferts.

La valeur de l'argument en faveur d'un plan de transferts fiscaux, comme complément essentiel à l'UEM, n'est actuellement pas prouvée. Apparemment, il n'est pas risqué d'entamer le dernier stade de l'UEM sans ces transferts et d'attendre quelques années pour juger, à la lumière de l'expérience acquise, comment les politiques budgétaires nationales se seront chargées de la stabilisation et si les transferts sont susceptibles d'ajouter effectivement une nouvelle dimension à la solidité de l'UEM.

CONCLUSIONS

Cette contribution a porté un regard critique sur le cadre politique proposé pour l'UEM dans lequel la politique monétaire commune sera complétée par des politiques budgétaires nationales décentralisées. Il en ressort quelques conclusions provisoires.

L'argument selon lequel les risques d'une augmentation du laxisme budgétaire dans l'UEM auraient pu se concrétiser en l'absence de règles spécifiquement destinées à les éliminer n'est pas dénué de fondement, les réactions du marché financier étant probablement insuffisantes en soi. Les autres arguments en faveur des règles budgétaires – parvenir à un *policy mix* adéquat et éviter une généralisation des effets sur les taux d'intérêt –, semblent moins convaincants, mais ils militent en faveur d'une plus grande coordination politique sur une base volontaire.

Les règles budgétaires telles qu'inscrites dans le Pacte de stabilité sont facilement critiquables car quelque peu arbitraires. Toutefois elles font beaucoup moins l'objet de critiques que les critères de convergence budgétaire applicables pour décider de l'entrée à l'UEM. On aurait pu être tenté de donner plus de poids au concept de la soutenabilité des finances publiques, mais il n'est pas assez opérationnel. Le Pacte de stabilité laisse une assez grande marge de manœuvre aux stabilisateurs budgétaires, à condition que les participants à l'UEM prennent au sérieux leur engagement d'atteindre l'équilibre budgétaire à moyen terme. Un autre point fort du Pacte est la transparence des procédures et des sanctions.

Dans cette perspective plutôt positive du nouveau cadre, il est difficile de déterminer s'il subsiste des lacunes importantes dans les mécanismes de prise de décision économique. Deux lacunes potentielles ont été discutées. Il convient probablement de compléter le contrôle du respect des règles par une plus grande coordination sur une base volontaire. Nous avons également abordé quelques points pour l'ordre du jour du Conseil ECOFIN et du Conseil Euro-11.

Une autre lacune potentielle, moins vraisemblablement comblée au cours des premières années de l'UEM, concerne le développement d'un plan de transfert budgétaire fournissant une protection supplémentaire contre les perturbations spécifiquement nationales. La justesse de l'argument pour un tel plan n'est actuellement pas prouvée, toutefois il n'est peut-être pas aussi onéreux que beaucoup d'observateurs ne veulent le croire. La base de la solidarité qu'un plan de ce type concrétiserait s'élargira nettement à mesure que les États membres renforcent leur coordination volontaire des politiques nationales respectives de mise au travail et de lutte contre le chômage.

RÉFÉRENCES

AGELL, J., CALMFORS, L. & JONSSON, G. (1996) "Fiscal Policy when Monetary Policy is Tied to the Mast", *European Economic Review* No.40, pp.1413-40.

AMUE (1998) *The Sustainability Report*, Paris, Association for the Monetary Union of Europe.

BISHOP, G. (1990) *Separating Fiscal from Monetary Sovereignty in EMU – A United States of Europe is not Necessary*, London, Salomon Brothers International.

BUITER, W., CORSETTI G. & ROUBINI, N. (1993) "Sense and Nonsense in the Treaty of Maastricht", *Economic Policy* No.16, pp.57-100.

CCE (1970) "Economic and Monetary Union in the Community", *Bulletin of the European Communities*, Supplement No.7, Bruxelles, Commission des Communautés européennes (Rapport Werner).

CCE (1989) *Rapport sur l'Union économique et monétaire* (Rapport Delors), Comité d'étude sur l'Union économique et monétaire, Bruxelles, Commission des Communautés européennes.

CCE (1990) "One Market, One Money: An Evaluation of the Potential Benefits and Costs of Forming an Economic and Monetary Union", *European Economy* No.44, Brussels, Commission of the European Communities.

CCE (1993) "Stable Money, Sound Finances", *European Economy* No.53, Bruxelles, Commission des Communautés européennes.

CCE (1998) "Economic Policy in EMU", Parts A and B, *Economic Papers* Nos 124 and 125, Directorate-General for Economic and Financial Affairs, Bruxelles, Commission des Communautés européennes.

Conseil de l'Union européenne (1993) *Directive 93/6 du Conseil du 15 mars 1993 sur l'adéquation des fonds propres des entreprises d'investissement et des établissements de crédit*, JO L141 du 6 novembre 1993.

Conseil de l'Union européenne (1997a) *Règlement 1466/97 du Conseil du 7 juillet 1997 relatif au renforcement de la surveillance des positions budgétaires ainsi que de la surveillance et de la coordination des politiques économiques*, JO L209 du 2 août 1997.

Conseil de l'Union européenne (1997b) *Règlement 1467/97 du Conseil du 7 juillet 1997 visant à accélérer et à clarifier la mise en œuvre de la procédure concernant les déficits excessifs*, JO L209 du 2 août 1997.

Conseil européen (1997a) *Résolution du Conseil européen sur la croissance et l'emploi*, Amsterdam, 16 juin 1997, JO C236 du 2 août 1997.

Conseil européen (1997b) *Résolution du Conseil européen relative au Pacte de stabilité et de croissance*, Amsterdam, 17 juin 1997, JO C236 du 2 août 1997.

Conseil européen (1997c) Conseil européen extraordinaire de Luxembourg sur l'emploi, *Conclusions de la Présidence*, Luxembourg, 20-21 novembre 1997.

Gros, D. & Thygesen, N. (1998) *European Monetary Integration – From the European Monetary System to Economic and Monetary Union*, London/ New York, Addison Wesley Longman.

Jenkins, R. (1977) *Europe: Present Challenge and Future Opportunity*, First Jean Monnet Lecture, Florence, European University Institute, 27 October 1977.

Lamfalussy, A. (1989) "Macro-Coordination of Fiscal Policies in an Economic and Monetary Union", in Committee for the Study of Economic and Monetary Union, *Report on Economic and Monetary Union* (The Delors Report), Luxembourg, EC Publications Office.

Mélitz, J. (1997) "Some Cross-Country Evidence about Debt, Deficits and the Behaviour of Monetary and Fiscal Authorities: A Progress Report", *CEPR Discussion Paper* No.1653, London, Centre for Economic Policy Research.

Restoy, F. (1995) "Interest Rates and Fiscal Discipline in Monetary Unions", *European Economic Review* No.40, pp.1629-46.

Rogoff, K. (1985) "The Optimal Degree of Commitment to an Intermediate Monetary Target", *Quarterly Journal of Economics* No.100, pp.1169-90.

THYGESEN, N. (1996) "Should Budgetary Policies be Coordinated Further in EMU – and is that Feasible?" *Banca Nationale del Lavoro Quarterly Review*, Special Issue, Rome.

Notes

1 Ce document est une version revue de l'intervention de l'auteur lors de la conférence sur ce thème du 20 janvier 1988 à Bruxelles. Il se fonde principalement sur Daniel GROS & Niels THYGESEN (1998), *"European Monetary Integration – From the EMS to EMU"*, Addison Wesley Longman, Londres et New York, Ch. 8. L'auteur tient à remercier Daniel Gros.

2 Pour plus de précisions, voir THYGESEN (1996).

3 Pour plus d'informations, voir BUITER *et al.* (1993).

4 ROGOFF (1985) est la référence classique sur les avantages d'un « gouverneur conservateur de la Banque centrale ».

5 Voir notamment RESTOY (1995) et AGELL *et al.* (1996).

6 Cette idée vient de BISHOP (1990).

7 Pour une excellente étude à ce propos, voir AMUE (1998).

8 Pour une proposition spécifique quant à l'interprétation du rapport de la dette au titre de l'article 104c, voir GROS & THYGESEN (1998), p.340.

L'UEM ET LA PROTECTION SOCIALE DANS L'UNION EUROPÉENNE

Johannes PAKASLAHTI

INTRODUCTION

Partant du constat de l'absence actuelle de débat sur la dimension sociale de l'Union Économique et Monétaire (UEM), nous présentons quelques réflexions et pistes de recherche afin que cette dimension soit à sa juste place.

La première section décrit certaines raisons politiques et les arguments économiques qui ont influencé la décision de ne consacrer qu'une attention minime à la politique sociale dans le cadre de la Communauté au début de l'intégration économique. La deuxième section décrit les différentes phases de l'intégration économique et s'interroge sur l'absence d'intérêt pour la dimension sociale de l'UEM durant les négociations du traité de Maastricht. Si l'UEM représente réellement un changement qualitatif important par rapport aux objectifs économiques initiaux de l'intégration, ne devrait-on pas réexaminer cette évolution de façon à attribuer un rôle moins subalterne à la protection sociale ? La troisième section décrit l'impact de l'UEM sur les systèmes de protection sociale nationaux au travers d'un schéma décrivant d'un côté les aspects positifs et de l'autre négatifs. Cet article pose, en fait, plus de questions qu'il n'apporte de réponses, car la dimension sociale de l'UEM est en grande partie

« un espace vierge et inexploré » sur la carte de l'UEM qui regorge pourtant d'informations sur tant d'autres questions.

1. LES OBJECTIFS LIMITÉS DE LA POLITIQUE SOCIALE

Afin d'examiner l'interaction entre l'intégration économique et sociale dans le cadre de la Communauté, il faut revenir au traité de Rome qui a créé la Communauté Économique Européenne (CEE) en 1957. Selon Brewster et Teague (1989), il existe « un quasi-consensus » à ce que le traité de Rome soit « un document hautement non-interventionniste et axé sur le marché ». Hepple (1990) affirme que les pères fondateurs croyaient au « néo-libéralisme économique ». Hantrais explique que la philosophie politique dominante était conduite par le marché. On supposait que la « croissance économique non entravée » qui était prévue « … conduirait automatiquement au développement social ». On voyait l'harmonisation sociale comme un « résultat final de l'intégration économique plutôt que comme une condition préalable » (Hantrais, 1995 : 1). Ainsi, les pères fondateurs ont surtout placé leur confiance dans « l'amélioration automatique des conditions sociales, en comptant sur la réaction en chaîne *(spill-over)* que l'intégration économique produirait » (Moussis, 1997 : 9). Cette approche se reflète dans le traité de Rome, qui n'accorde qu'« une faible attention » (Nielssen & Szyszczak, 1997) à une politique sociale communautaire. Les dispositions sociales du traité de Rome sont perçues comme étant très « insuffisantes et générales » (Nevin, 1990 : 210), ce qui ne donne que des compétences « très marginales » (Weiss, 1990 ; Watson, 1991).

La subordination de la politique sociale a débuté avant le traité de Rome. Il y eut alors un vif débat économique et politique sur la question de savoir si le fonctionnement d'un éventuel Marché commun nécessitait une intervention dans le domaine social. Deux approches s'opposaient (Holloway, 1981). D'une part, certains affirmaient que la protection sociale avait une influence directe ou indirecte sur les coûts de main-d'œuvre, ce qui plaçait les pays avec des systèmes de protection sociale plus développés dans une position moins concurrentielle. Cette approche défendait que pour garantir une concurrence égale, une certaine harmonisation de la protection sociale serait nécessaire. Au contraire, d'autres prétendaient que les coûts de main-d'œuvre directs et indirects, ainsi que les contributions sociales ne représentaient qu'un des éléments déterminant la position concurrentielle. Si l'on tenait compte d'autres facteurs de la compétitivité, il y avait plus ou moins un équilibre entre les six États membres d'alors. Ainsi, la politique sociale devait continuer à être décidée au niveau national. Cette approche a finalement été largement dominante.

Un groupe de travail de haut niveau de l'Organisation Internationale du Travail (OIT) a été constitué afin d'examiner la question d'une dimension sociale d'un Marché commun. Les experts ont conclu que les différences de salaires et des coûts sociaux reflétaient les différences de productivité entre les Six. Il n'était, par conséquent, pas particulièrement nécessaire de créer des normes européennes. Toutefois, le Comité a identifié certains domaines, tels que le financement de la sécurité sociale, où une certaine harmonisation serait peut-être nécessaire pour le fonctionnement correct et efficace d'un Marché commun. Mais à l'époque, le Comité a clairement opté pour un degré minimal d'intervention. Il faut souligner que si la position concurrentielle d'un pays donné devait s'affaiblir radicalement, il aurait toujours été possible de rétablir l'équilibre par les politiques monétaires, c'est-à-dire par la dévaluation (ILO, 1956).

Ceci explique pourquoi, en 1957, le traité de Rome a adopté une approche minimaliste à l'égard de la politique sociale. Aucune disposition sociale précise n'a été inscrite dans le traité, et la responsabilité de la CEE se limitait principalement à promouvoir la coopération plutôt qu'à définir des objectifs de politique sociale précis (Collins, 1975 ; Shanks, 1977). Notons que les avis des experts et les conclusions des pères fondateurs il y a plus de quarante ans, étaient liés aux objectifs limités de l'intégration économique de cette époque. De plus, les six membres fondateurs avaient, fondamentalement, adopté un modèle de sécurité sociale de type bismarckien.

2. LES PHASES DE L'INTÉGRATION ÉCONOMIQUE

Après la signature du traité de Rome, un modèle théorique intéressant sur les phases de l'intégration économique, appelé modèle Balassa, a été proposé. Celui-ci supposait que l'approfondissement de l'intégration passerait (ou que le niveau de l'intégration pourrait être évalué) par les cinq phases suivantes : (1) Zone de libre-échange ; (2) Union douanière ; (3) Marché commun ; (4) Union économique (en fait, cela signifiait une union douanière avec un certain degré d'harmonisation des politiques économiques nationales, mais non, par exemple, des politiques monétaires) ; et enfin, (5) Intégration économique totale (unification des politiques monétaires, fiscales, sociales et contracycliques).

Ce modèle a été utilisé pendant longtemps par les chercheurs, en dépit du fait que l'intégration communautaire s'est, dans la réalité, développée de manière quelque peu différente. Balassa a également exposé une approche intéressante par rapport à la politique sociale. Il a souligné que l'objectif ultime des activités et de l'intégration économiques serait d'accroître la protection sociale (Balassa, 1961 : 12-13). Pendant les premières phases de l'intégration, la politique sociale n'aurait pas à jouer un rôle important. Des normes sociales minimales parmi les États participants seraient requises (*ibid.* : 211-230). Cependant, l'approfondissement de l'intégration aurait pour effet d'accroître le besoin d'harmoniser les politiques sociales.

Notons que, par « harmonisation », Balassa voulait simplement dire « une politique visant à la réduction des différences de salaires, de politiques sociales, etc. » (*ibid.* : 211), et non le concept interventionniste que l'on entend parfois pour l'harmonisation.

2.1 L'intégration économique de la Communauté

Le traité de Rome a fixé comme objectifs, la création d'un Marché commun comprenant une union douanière et la libre circulation des marchandises, des personnes, des services et des capitaux. De plus, l'objectif était de rapprocher les politiques économiques dans certains domaines. L'union douanière a été réalisée avant la date prévue en 1968. Cependant, peu de progrès ont été réalisés dans d'autres domaines. Au début des années 80, « l'Eurosclérose » était un des termes les plus souvent usités pour qualifier l'état de progression de l'Europe. Contrairement à la libre circulation des biens, la libre circulation des services, des capitaux et des personnes était si étroitement contrôlée qu'elle avait « peu de signification économique ». Le Marché commun n'était donc qu'une sorte d'« union douanière des marchés de marchandises, complétée par la politique agricole commune et par la politique de concurrence » (Pelkmans, 1997 : 34-35).

On a cherché une façon de sortir de la crise et du processus d'intégration chancelant en achevant le Marché intérieur, ce qui a conduit à l'Acte Unique Européen (AUE). Ce dernier a donné une définition claire du Marché intérieur – qui faisait défaut jusqu'alors – en énonçant qu'il est un espace « sans frontières intérieures dans lequel est assurée la libre circulation des marchandises, des personnes, des services et des capitaux ». Ainsi, était posée une base solide pour l'achèvement du Marché intérieur et la Communauté avait à disposition des instruments plus efficaces pour remplir cet objectif.

Bien que le Livre blanc sur l'achèvement du Marché intérieur n'abordait pas les questions de politique sociale, une vive discussion sur les aspects sociaux du Marché intérieur a accompagné l'AUE. Les Français et les Belges en particulier promouvaient l'idée de la dimension sociale du Marché intérieur. Pour différentes raisons – en partie politiques par exemple pour recueillir le soutien des syndicats au Marché intérieur – les compétences de la Communauté en matière de politique sociale ont été élargies et davantage de ressources financières ont été affectées aux Fonds structurels. Les aspects de cohésion économique et sociale de l'intégration ont été particulièrement développés.

2.2 Au-delà des limites du traité de Rome et de l'Acte unique

Le principal élément du traité de Maastricht est l'Union économique et monétaire qui a ouvert une nouvelle phase en termes qualitatifs dans l'approfondissement de l'intégration économique. Pelkmans (1997 : 40) souligne que le traité sur l'Union apporte une orientation nouvelle et importante par rapport au traité CEE initial. Depuis lors, l'UEM a été l'une des priorités – si ce n'est la priorité – de l'Union Européenne (UE). Plus la troisième phase de l'UEM s'est rapprochée, plus les grands changements que la dernière phase de l'UEM apportera, par exemple dans le domaine des politiques monétaires et fiscales, sont devenus clairs. Ces politiques auront, à leur tour, des implications d'une grande portée dans les États membres et l'UE. En fait, on peut d'ores et déjà percevoir nombre de ces processus au niveau national.

Au vu de ces changements et d'autres changements, on aurait pu s'attendre à ce qu'un vif débat sur les conséquences sociales soit lancé. Cependant, la dimension sociale de l'UEM n'a guère été abordée au niveau communautaire, bien que dans de nombreux États membres, la phase actuelle de transition ait intensifié le débat sur les conséquences de l'UEM en matière de politique sociale. En particulier, ceux qui ont une attitude sceptique ou critique à l'égard de l'UEM, et dans de nombreux cas aussi à l'égard de l'UE en tant que telle, prétendent que l'UEM aura – et a déjà – un impact négatif sur les systèmes de protection sociale nationaux et leur financement. Seul parmi les principales institutions européennes, le Parlement européen a, à de nombreuses reprises, exprimé des avis sur l'aspect social de l'UEM (par exemple, Parlement européen, 1995 et 1997), et a parrainé de précieuses recherches (par exemple, Begg *et al.*, 1994).

2.3 Le débat introuvable

Pourquoi la dimension sociale de l'UEM a-t-elle reçu si peu d'attention pendant les négociations de Maastricht et par la suite, et de la part de la Commission ? Une des raisons tient, selon nous, dans la structure des négociations du traité de Maastricht.

a) Des négociations inégalement préparées

Initialement, le choix des mesures qui devaient suivre l'achèvement du Marché intérieur devait constituer l'objet principal des négociations de la conférence intergouvernementale. La dimension sociale aurait probablement reçu plus d'attention, si l'UEM avait été au centre des négociations et du débat public. Cependant, les développements politiques capitaux en Europe ont élargi le paquet de négociations qui a été divisé en deux processus parallèles, préparé chacun de manière cloisonnée.

La structure divisée de la conférence intergouvernementale signifiait aussi que les problèmes de politique économique et de politique sociale n'étaient pas examinés à la même table de négociation. Le lien avec les questions sociales fut probablement ténu quand les décisions sur la politique économique et monétaire furent prises. Les critères de convergence ont été définis à partir des doctrines économiques dominantes. En raison de la composition de la conférence sur l'UEM (dirigée par les ministres des Finances), il est probable que peu de voix, s'il en est, ne se soient faites entendre clairement pour soulever les questions des indicateurs sociaux et de l'emploi au moment de fixer les critères de convergence. Il est encore plus probable qu'aucune discussion en profondeur n'ait eu lieu sur les défis possibles que l'UEM pourrait créer à l'égard de la sécurité sociale et de son financement.

L'accrochage entre le gouvernement conservateur britannique et le reste des délégations dans les négociations sur l'union politique à propos de la politique sociale a conduit au compromis qui a créé le Protocole et l'Accord sur la politique sociale annexé au traité (Union européenne, 1995). Ces modifications ont eu un impact plus que limité. Les avancées pratiques se sont plutôt réalisées dans le domaine de l'intégration économique et de la transition vers l'UEM, laissant la politique sociale européenne en rade.

Le gouffre entre l'intégration économique et sociale a donc continué à se creuser. D'une part, on peut soutenir que la CIG conduisant au traité d'Amsterdam a, à certains égards, rectifié la situation. D'autre part, la dimension sociale de l'UEM n'était pas soumise à la négociation. Toutefois, le traité a apporté certaines corrections en incorporant l'Accord social dans le traité, et en mettant l'accent sur les problèmes du chômage (y compris les ressources), question essentielle pour la protection sociale et son financement. De nombreux gouvernements ont été actifs à cet égard, et le gouvernement français en particulier a souligné l'importance de ces mesures par rapport à la mise en œuvre de l'UEM au niveau national.

b) La Commission européenne : une approche intégrée

Une seconde observation concerne la Commission : celle-ci a-t-elle été aussi réticente que prétendu dans son évaluation sur l'impact social possible de l'UEM, du moins si l'on ne considère que ces publications officielles ? Certains membres de la Commission, tels que Chassard (1992) et Quintin (1992), ont quelque peu attiré l'attention sur l'aspect social de l'UEM.

La Commission a considéré les implications sociales de l'UEM dans certains de ces documents, en abordant plus franchement certains défis sociaux :

(1) Le projet de Livre vert sur la Politique sociale européenne de juillet 1993 (version provisoire) dit explicitement qu'il serait « insensé de nier » que « l'UEM posera un défi sérieux à ceux qui font la politique sociale ». En particulier, « il faudra suivre avec attention la difficile période de transition » (CCE, 1993a).

(2) Le Livre vert dans sa version finale de novembre 1993 (CCE, 1993b) est plus prudent dans son estimation de l'impact probable de l'UEM sur la politique sociale. Les défis sociaux possibles ne sont pas évalués davantage. Néanmoins, il est expliqué qu'alors que l'UEM va promouvoir le progrès économique et social, il est « tout aussi clair » qu'elle fixe un « cadre nouveau et différent pour la politique sociale ». Le Livre vert soulève la question de savoir si l'Union doit promouvoir une convergence des politiques sociales parallèlement à celle des politiques économiques, par exemple, en surveillant les procédures de politique sociale pendant la transition vers l'UEM.

(3) Le Livre blanc sur la Politique sociale européenne de juillet 1994 (CCE, 1994) s'abstient d'explorer ces problèmes. Il mentionne seulement que si la plupart des contributions reçues traitent de la question de la transition sociale vers l'UEM, elles défendent « des points de vue opposés ».

(4) Enfin, le programme d'action sociale de 1995 (CCE, 1995) semble être encore plus prudent, il évite carrément toute mention directe des problèmes liés à l'UEM. L'UEM n'apparaît qu'une seule fois dans le programme – entre parenthèses – comme sujet de recherche possible, lié aux autres questions macro-économiques affectant la politique sociale, pour favoriser « les réflexions propres » de la Commission.

En dépit de cette approche de plus en plus vague des enjeux sociaux de l'UEM, il faut souligner que tous ces documents de la Commission mettent l'accent, en général, sur l'importance de la politique sociale à la fois au niveau communautaire et national. L'interrelation entre la politique sociale et la politique économique est discutée d'une manière intéressante, et il est souligné à maintes reprises que l'intégration économique et sociale devraient avancer de pair, ce qui est une orientation stratégique très importante de la part de la Commission. Toutefois, la principale question est de savoir comment assurer dans la pratique une progression parallèle de l'intégration économique et sociale ainsi qu'un équilibre entre elles. À cet égard, l'impact social de l'UEM sera probablement capital.

Atkinson (1996 : 297) note que les aspects économiques et sociaux de la Communauté tendent à être traités séparément. D'après lui, il y a une tendance inquiétante à considérer les aspects économiques de l'union monétaire et fiscale comme « de rigueur » (en français dans le texte), alors que les aspects sociaux sont considérés plus comme « au choix ».

Kari (1998 : 286-288) estime que le problème fondamental pour la politique sociale est que l'impact de l'UEM n'a pas du tout été considéré au niveau des institutions européennes. Il en trouve la preuve dans l'absence de discussion ou de recherches en cours au niveau de l'UE. D'après Kari, on est arrivé à une situation où rien n'est ou ne peut être prévu par rapport à l'impact social éventuel de l'UEM. Ajoutons qu'au niveau communautaire, il n'y a pas toujours eu une telle indifférence à l'égard de l'éventuel impact de l'UEM sur la protection sociale et sur le type de conséquences qui devaient en être tirées.

(1) Le Sommet de La Haye de 1969 a lancé une nouvelle dynamique de l'intégration. À cette époque, il y a presque trente ans, l'Union économique et monétaire était déjà un objectif capital. La politique sociale, comme tâche et instrument communautaires, était réévaluée. En outre, du point de vue de la Commission, ce processus était fortement influencé par un groupe de travail dirigé par le Chancelier allemand Willy Brandt, qui a répandu l'idée que si l'intégration devait continuer, il fallait donner à la Communauté « un visage plus humain ». Brandt a souligné qu'en promouvant les aspects sociaux, les objectifs économiques et politiques de la Communauté en général pourraient être renforcés. Venturini (1988 : 16) fait remarquer qu'à

l'époque du Sommet de La Haye, les dirigeants de la Communauté « avaient été forcés... de reconnaître que les effets spontanés de l'harmonisation des forces du marché n'étaient pas suffisants ».

(2) En 1970, Werner, Premier ministre du Luxembourg et économiste, a élaboré des grandes lignes plus spécifiques pour l'UEM et a décrit les influences réciproques des politiques économiques et sociales (CCE, 1970). Vandamme (1985 : 11) note que les objectifs poursuivis par Werner représentent une « révolution... d'une telle importance qu'il serait impossible de l'accomplir sans la réunion des sphères économique et sociale ».

(3) Au départ, les plans de mise en œuvre de l'UEM et de l'Union européenne étaient étroitement associés au renforcement de la dimension sociale. Le Sommet de Paris d'octobre 1972 a attaché « autant d'importance à une action vigoureuse dans le domaine social qu'à la réussite de l'Union économique et monétaire » (Conseil européen, 1972). Le sommet a invité les institutions communautaires à établir un programme d'action sociale prévoyant des mesures concrètes pour janvier 1974, date à laquelle devait débuter la deuxième phase de l'UEM.

(4) On avait posé en principe l'UEM comme un de ses points de départ fondamentaux, et ses défis économiques et sociaux devaient rencontrer « de vigoureuses actions ».

Bien que la situation au début des années 70 ne puisse pas être directement comparée à la situation actuelle (voir par exemple Kenen, 1995), l'approche à l'égard des aspects sociaux de l'UEM a été fort différente entre ces deux phases.

Après avoir souligné le peu d'attention porté aux aspects sociaux de l'UEM à l'échelon européen, nous allons maintenant discuter des impacts possibles de l'UEM sur la protection sociale.

3. L'IMPACT DE L'UEM : UNE RÉACTION EN DOUBLE CHAÎNE

L'impact de l'UEM au niveau national a parfois été décrit (voir par exemple Begg *et al.*, 1994) comme une réaction en double chaîne aux effets contraires (voir tableaux 1a et 1b). D'un côté, la vue pessimiste souligne les pressions additionnelles sur la protection sociale et son financement, de l'autre côté, un scénario plus optimiste démontre les effets bénéfiques liés aux possibilités d'utiliser les marges de manœuvre budgétaires en faveur de la protection sociale.

Tableau 1a

L'impact de l'UEM sur la protection sociale : la première chaîne

L'UEM exige des politiques budgétaires strictes, une politique de rigueur au niveau de la dette publique et des politiques anti-inflationnistes
↓
Cela produit une plus grande pression pour des réductions et des ajustements budgétaires
↓
Les dépenses publiques doivent être réduites et réparties de manières différentes
↓
Les priorités fiscales doivent être changées
↓
La place du secteur public est redimensionnée
↓
Marge réduite pour financer et mettre en œuvre la protection sociale
↓
Conclusion : l'UEM pourrait aboutir à une pression considérable sur la protection sociale et son financement

Source : Begg *et al.*, 1994 et adaptations personnelles.

3.1 La première chaîne

D'une part, il semble y avoir beaucoup de similarités entre la première chaîne et la situation actuelle de beaucoup d'États membres. Cependant, il faudrait noter que l'UEM en tant que telle ne devrait pas être considérée comme un bouc émissaire responsable de toutes les difficultés affectant les systèmes de protection sociale et leur financement :

(1) Les ajustements des modèles de protection sociale s'imposent en raison des difficultés économiques actuelles – dans de nombreux cas indépendamment de l'UEM.

(2) Contrairement à ce que certains prétendent, les décisions de Maastricht sur l'UEM ne contiennent pas de conditions visant explicitement à réduire les dépenses de la sécurité sociale.

(3) Il est difficile de vérifier dans quelle mesure les critères de convergence ont en réalité influencé certains ajustements concernant la protection sociale à l'échelon national, ou dans quelle mesure les critères de convergence ont été utilisés pour justifier des ajustements qui étaient de toute façon nécessaires.

(4) Les réformes pour remplir les critères de convergence ont, après tout, été décidées au niveau national par les gouvernements et les parlements.

D'autre part, les questions de protection sociale sont évidemment devenues plus importantes sur le plan national étant donné que les citoyens évaluent l'intégration et ses nouveaux développements, tels que l'UEM. Une vue d'ensemble sur la façon dont les différents États membres de l'Union européenne préparaient leurs budgets nationaux pour 1997 afin de remplir les critères de convergence, et en particulier la façon dont cela a été discuté en public a été réalisée (Pakaslahti, 1997). On pouvait discerner une approche réservée à l'égard de l'UEM et de son impact social dans de nombreux cas.

Si l'opinion de la population de l'UE n'est pas prise au sérieux, il est probable que l'UEM et la légitimité politique de l'UE rencontrent à l'avenir des temps difficiles quant au soutien de la population. Ce problème est lié à la question fondamentale de savoir si la dimension sociale de l'UEM devait être discutée de manière détaillée et sérieuse au niveau communautaire ou non.

Tableau 1b

L'impact de l'UEM sur la protection sociale : la seconde chaîne

L'UEM stabilise les économies
↓
Cela fournit de nouvelles incitations à la croissance
↓
Le développement économique s'accroît
↓
Les revenus augmentent
↓
La situation de l'emploi s'améliore
↓
Les recettes fiscales (et les recettes des contributions de la sécurité sociale) pourraient augmenter
↓
La marge pour diriger les revenus vers la protection sociale, par exemple, augmente en principe
↓
Conclusion : l'UEM est bénéfique pour la protection sociale et son financement

Source : BEGG *et al.*, 1994 et adaptations personnelles.

3.2 La seconde chaîne

Si les prévisions de la seconde chaîne se réalisent, l'impact de l'UEM s'avérera très positif sur les systèmes nationaux de protection sociale. Un bon fonctionnement de l'UEM permettrait d'accroître la marge économique et fiscale pour financer l'État providence. Si l'UEM renforce la stabilité économique et réduit le chômage, l'effet sera également bénéfique pour le financement de la protection sociale.

La première chaîne repose sur des mesures pratiques qui sont actuellement mises en œuvre. La deuxième chaîne, au contraire, s'appuie sur les prévisions d'une supposée réaction en chaîne positive lors de la phase finale de l'UEM, qui se refléteraient positivement dans le domaine social et ainsi compenseraient partiellement l'austérité des mesures prises durant la phase transitoire. La seconde chaîne comporte des similarités avec la logique qui accordait un rôle minimaliste à la politique sociale dans le traité de Rome de 1957. Les pères fondateurs ont surtout placé leur confiance dans « l'amélioration automatique des conditions sociales, en comptant sur la réaction en chaîne présumée que l'intégration économique produirait ». Néanmoins, quelles sont les conséquences sociales si la deuxième chaîne ne fonctionne pas de la manière prévue ?

4. QUESTIONS FINALES

La Commission a recommandé que l'intégration économique et sociale avancent de pair. Cela semble être la question cruciale. La phase actuelle de transition vers l'UEM a atteint un tel degré d'approfondissement de l'intégration économique que l'impact direct ou indirect sur les systèmes de protection sociale nationaux et leur financement peut être considérable. Il est improbable que cette influence diminue durant la phase finale et d'autant moins du fait du Pacte de stabilité.

En outre, d'autres phénomènes relatifs au Marché intérieur tels que la fiscalité et la concurrence croissante peuvent créer une pression supplémentaire sur les systèmes de protection sociale nationaux (Pieters, 1996). Certains auteurs avaient déjà relevé il y a quelques années qu'en négligeant la dimension sociale de l'intégration économique européenne, le Marché intérieur pourrait conduire à la « stagnation, la récession ou l'alignement à la baisse de la protection sociale » (Dispersyn *et al.*, 1992 : 3)

Ces tendances indiquent que l'on s'achemine vers une nouvelle situation en termes qualitatifs. L'intégration à travers toute la

Communauté aura et a déjà un plus grand impact sur la protection sociale nationale que supposé initialement. L'Union européenne actuelle diffère considérablement de la Communauté économique créée il y a quarante ans.

Le point de départ initial consistant à attribuer des compétences limitées à la politique sociale est-il toujours valable ? Par exemple, il y a quarante ans, on soutenait que si les coûts excessifs de la protection sociale d'un pays sapaient sa position concurrentielle, un équilibre pouvait être atteint par le moyen de la dévaluation. Ce n'est clairement plus possible dans la phase actuelle de l'UEM. Un autre exemple : d'après la thèse dominante, il y avait un équilibre général entre les facteurs concurrentiels des six États membres de départ (Berghman, 1996). Un tel argument est-il toujours plausible dans une Communauté en expansion avec actuellement quinze États membres, qui montre d'ores et déjà plus de diversité, y compris dans les niveaux de développement économique et les modèles de politique sociale ?

En dépit du fait que les activités de politique sociale de l'UE aient progressivement augmenté et pris de nouvelles formes, le champ de ces activités est toujours plutôt limité par rapport à la protection sociale, et en particulier lorsqu'on les compare à l'étendue de l'approfondissement de l'intégration économique.

Par ailleurs, les défis à venir se rapportent non seulement à l'approfondissement mais aussi au processus d'élargissement. Quel pourrait être l'impact du prochain élargissement étant donné les considérables disparités dans les niveaux de protection sociale et de financement entre les États membres actuels et les pays candidats ? Les critères de convergence de l'UEM fonctionnent-ils déjà comme une « main invisible » dans certains pays candidats – qui pour des raisons compréhensibles voudraient rejoindre non seulement l'Union européenne mais aussi l'Union monétaire.

Toutes ces observations nous amènent à nous demander ce qui pourrait être fait pour garantir que, l'impact des différentes formes de l'intégration ne mette pas un fardeau supplémentaire sur les systèmes de protection sociale nationaux. Ne devrait-on pas donner plus de pouvoirs, de ressources et d'instruments au niveau communautaire pour renforcer la dimension sociale de l'intégration ? Dans tel cas, quelles devraient être les priorités ?

Une suggestion pour faire avancer cette discussion serait d'analyser les expériences des États membres durant la phase transitoire. Comment a-t-on fait face aux défis de la politique sociale et de son financement par rapport aux critères de convergence ? Quels ont été les débats nationaux ? Quelle sorte de défis ont été identifiés ?

Les expériences des quinze États membres devraient être soigneusement et systématiquement examinées. Parmi les questions fondamentales qui pourraient être abordées :

(1) Quel type d'impact la phase de transition a-t-elle eu sur la protection sociale ? Quelles décisions ont été prises afin de remplir les critères de convergence ? Quelles sont les perspectives ou prévisions à long terme par rapport aux conditions du Pacte de stabilité, etc. ?

(2) Que se passe-t-il si les effets positifs prévus de la réaction en chaîne ne se réalisent pas ? Ou si un pays donné fait face à un choc asymétrique ou une grave crise structurelle ? Quel type d'impact de tels défis pourraient-ils avoir sur la protection sociale ?

(3) Des propositions sont-elles apparues au niveau national sur la façon d'affronter la nouvelle situation ? Des mesures législatives ou d'autres mesures ont-elles été prises, ou de telles mesures sont-elles prévues ? Qu'en est-il de l'idée de créer des fonds ou d'autres instruments au niveau national pour faire face à tout défi ?

Des informations précieuses et un point de référence pourraient être fournis en pratiquant des évaluations systématiques pays par pays, au moyen de : (1) une évaluation de l'impact de la phase transitoire de l'UEM et de certains aspects de la phase finale ; (2) un échange d'informations et d'expériences entre les États membres et les institutions de l'UE ; (3) une évaluation de la possibilité d'actions communes ; (4) une discussion plus approfondie sur la manière dont les défis sociaux de l'UEM et l'approfondissement de l'intégration pourraient être abordés par rapport à certaines conclusions fondamentales concernant une intégration économique et sociale équilibrée, et la manière dont il serait possible de promouvoir un modèle social européen.

RÉFÉRENCES

ATKINSON, A. (1996) "Reflections on Social Protection and the European Economic and Monetary Union", in PACOLET (ed.), *Social Protection and the European Economic and Monetary Union*, Avebury, Aldershot.

BALASSA, B. (1961) *The Theory of Economic Integration,* London, George Allen & Unwin.

BEGG, I. *et al.* (1994) *The Social Consequences of Economic and Monetary Union*, Final Report, Luxembourg, European Parliament, Directorate-General for Research.

BERGHMAN, J. (1996) "Social Security in a European Perspective: Present and Future Challenges", in PACOLET (ed.), *Social Protection and the European Economic and Monetary Union*, Avebury, Aldershot.

BREWSTER, C. & TEAGUE, P. (1989) *European Community Social Policy – Its Impact on the UK*, London, Institute of Personnel Management.

CCE (1970) Report on the Realisation by Stages of EMU in the Community, *Bulletin of the European Communities*, Supplement No.11, novembre, Bruxelles, Commission des Communautés européennes.

CCE (1993a) *Green Paper on the Future of European Social Policy*, (DG V, Revision 2), 23 juillet 1993, Bruxelles, Commission des Communautés européennes.

CCE (1993b) *Livre vert sur la politique sociale européenne. Options pour l'Union.* COM (93) 551 du 17 novembre 1993, Bruxelles, Commission des Communautés européennes.

CCE (1994) *Politique sociale européenne. Une voie à suivre pour l'Union. Livre blanc,* COM (94) 333 du 27 juillet 1994, Bruxelles, Commission des Communautés européennes.

CCE (1995) *Communication de la Commission au Conseil, au Parlement européen, au Comité économique et social et au Comité des régions. Programme d'action sociale à moyen terme 1995-1997,* COM (95) 134 du 12 avril 1995, Bruxelles, Commission des Communautés européennes.

CHASSARD, Y. (1992) "The Convergence of Social Protection Objectives and Policies: A New Approach", *Social Europe*, supplement No.5.

COLLINS, D. (1975) *The European Communities. The Social Policy of the First Phase*, vol.2, London, Martin Robertson.

CONSEIL EUROPÉEN (1972) *The First Summit Conference of the Enlarged Community*, Final Communiqué, Paris, 19-20 October 1972.

DISPERSYN, M., VAN DER VORST, P., DE FALLEUR M., GUILLAUME Y., HECQ Ch., LANGE, B. & MEULDERS, D. (1992) *La construction d'un serpent social européen. Étude de faisabilité,* Bruxelles, Ministère de la Prévoyance Sociale.

HANTRAIS, L. (1995) *Social Policy in the European Union*, London, MacMillan Press.

HEPPLE, B. (1990) "The Implementation of the Community Charter of Fundamental Social Rights", *Modern Law Review* No.54.

HOLLOWAY, J. (1981) *Social Policy Harmonisation in the European Community*, Surrey, Gower.

ILO (1956) *Social Aspects of European Co-operation*, Report of a Group of Experts (Ohlin Report), Geneva, International Labour Office.

KARI, M. (1998) *Meeting with EU Social Policy. The Experience of a New Member State*, Antwerpen, Maklu.

KENEN, P. B. (1995) *Economic and Monetary Union in Europe*, Cambridge, University Press.

MILLER, G. (1993) *The Future of Social Security in Europe in the Context of Economic and Monetary Union. The Role of Social Partners and EC Institutions,* A Report for the Commission (DG V), Bruxelles, Observatoire social européen.

MOUSSIS, N. (1997) *Handbook of Social Europe*, Rixensart, European Study Service.

NEVIN, E. (1990) *The Economics of Europe,* London, MacMillan.

NIELSEN, R. & SZYSZCZAK, E. (1997) *The Social Dimension of the European Union*, Copenhagen, Business School Press.

PAKASLAHTI, J. (1996) *The Social Dimension of the European Union: Burden, Necessity, Destiny*, Helsinki, Ministry of Social Affairs and Health.

PAKASLAHTI, J. (1997) *L'UEM menace-t-elle les systèmes de sécurité sociale ?*, Working Paper No.17, Bruxelles, Observatoire social européen.

PARLEMENT EUROPÉEN (1995) *Avis du Comité Affaires sociales et Emploi*, PE 211.363 du 23 février 1995.

PARLEMENT EUROPÉEN (1997) *Rapport du 3 septembre 1997 sur les critères de convergence pour l'Union économique et monétaire et le financement des systèmes de sécurité sociale dans les États membres de l'Union européenne*, A4-0255/97.

PELKMANS, J. (1997) *European Integration. Methods and Economic Analysis*, Harlow, Longman.

PIETERS, D. (1996) *Social Challenges of the EU and the Intergovernmental Conference*, Results of a Questionnaire and a Seminar organized by the EISS, Helsinki, European Institute of Social Security.

QUINTIN, O. (1992) "The Convergence of Social Protection Objectives and Policies: A Contribution to Solidarity in Europe", *Social Europe*, Supplement No.5.

SHANKS, M. (1977) *European Social Policy, Today and Tomorrow*, Oxford, Pergamon Press.

UNION EUROPÉENNE (1995) *Le Protocole et l'Accord sur la politique sociale,* Luxembourg, Office des Publications de la Communauté européenne.

VANDAMME, J. (ed.) (1985) *New Dimensions in European Social Policy*, London, Croom Helm.

VENTURINI, P. (1988) *La dimension sociale européenne,* Luxembourg, Commission des Communautés européennes.

WATSON, P. (1991) "The Community Social Charter", *Common Market Law Review* No.28.

WEISS, M. (1990) *Social Dialogue and Collective Bargaining in the Framework of Social Europe*, European Parliamentarians and Industrialists Council, 26 September 1990.

LES CONSÉQUENCES SOCIALES DE L'UEM : UNE VUE D'ENSEMBLE DES DÉBATS NATIONAUX

Philippe POCHET

INTRODUCTION

Dans une étude basée sur deux séries d'interviews des partenaires sociaux (syndicat et patronat) ainsi que des responsables économiques et des banquiers centraux de trois pays (France, Allemagne et Royaume-Uni) pendant la négociation du traité de Maastricht et juste après l'adoption de celui-ci, Verdun note à propos des effets sociaux de l'Union monétaire :

> « *Respondents were also asked how EMU was perceived to affect other policy areas (fiscal and social policies and national security systems) and general macroeconomic indicators (employment, economic growth and competitiveness). The results were striking. All actors, including trade unions, predicted that fiscal and social policies would undergo a process of harmonisation through the market. Fiscal policies would give way to market pressures, in the first place, in the battle over trying to attract investment. Social policies were perceived as likely to take longer to concede to the market pressures, as they prove to be more politically sensitive than budgetary and fiscal policies. Even more remarkable was that the monetary authorities and employers' organisations stressed that it is precisely this restructuring process through the*

> *market principles which was attractive about the present EMU construction. In their view, it would be impossible and undesirable to regulate fiscal and social policies at supranational level. However, for countries to remain competitive it would be crucial to restructure their domestic economies in order to get rid of inefficiencies in their national welfare states. »* (Verdun, 1996 : 75).

Elle conclut : *« The results of this research demonstrate that the 'Economic Union' is deliberately underdeveloped. Experts argued that they favoured EMU exactly because it would lead to a process of harmonisation through market forces. EMU would offer legitimacy for restructuring the expensive welfare state. »* (*ibidem* : 80).

Ces résultats montrent que dès le début des années 90, les principaux acteurs avaient déjà une vue très claire des enjeux de l'Union économique et monétaire : une convergence par le marché à travers la compétition entre systèmes sociaux nationaux ou une convergence « guidée ».

Nous avons donc voulu vérifier si dans les deux domaines de politiques sociales et de sécurité sociale, ces prévisions avaient effectivement abouti à une « harmonisation par le marché ». Nous analyserons donc brièvement la situation dans les différents États membres. Dans ces deux domaines, nous avons constaté que la perspective de l'euro a déjà eu des implications importantes pour nombre de pays de l'Union européenne. Toutefois, ces implications n'ont pas été identiques pour l'ensemble des États membres. Elles se sont inscrites dans des tendances diverses (et parfois divergentes) déjà à l'œuvre. De plus, les conséquences sont différentes selon que l'on considère l'emploi ou la sécurité sociale. Enfin, on ne peut pas réellement parler à ce stade de convergence, ni penser que celle-ci s'effectue uniquement par le bas ou par le marché. Au contraire, l'UEM n'entraîne pas d'effets mécaniques ni de séquences d'enchaînements automatiques.

Nous sommes confrontés à trois questions différentes, quoique liées, que nous examinerons successivement.

La première section concerne les négociations et la formation salariale principalement dans les pays de la zone euro mais aussi dans les autres. Quelles sont les adaptations qui ont déjà eu lieu pour éviter des dérapages salariaux ? Quel sera le référent pour la Banque centrale européenne ? Y a-t-il des risques de dumping salariaux ?

La deuxième section concerne les mécanismes d'adaptation du marché du travail face à un choc asymétrique. La flexibilisation du marché du travail prônée par les banquiers centraux, ainsi que par certains économistes et la Commission, est-elle en route ? Existe-t-il des alternatives ? Tels sont les points qui seront présentés particulièrement au travers de la présentation du cas finlandais.

La troisième section s'interroge sur les contraintes financières pesant au niveau national sur les systèmes de protection sociale. En l'absence de mécanismes européens de solidarité (péréquation financière, sécurité sociale), la protection sociale nationale sera particulièrement sollicitée. Celle-ci est en même temps confrontée aux restrictions budgétaires liées au critère de déficit de 3 % du PIB et au budget équilibré à moyen terme prôné par le Pacte de stabilité. D'autre part, les politiques d'emploi visent souvent à limiter et à réduire les contributions à la sécurité sociale. Comment le débat entre UEM et sécurité sociale s'est-il développé dans les différents pays au cours de la deuxième phase : voilà l'aspect que nous présenterons de manière détaillée.

1. UNION MONÉTAIRE ET NÉGOCIATIONS COLLECTIVES

Rappelons tout d'abord les grands changements qui seront apportés par la monnaie unique.

Dans une union monétaire, la possibilité de dévaluer est *de facto* annulée, de même que celle de réduire l'endettement par l'inflation. Les déficits publics sont limités à un déficit maximum de 3 % du PIB (sauf en cas de récession importante) par le Pacte de stabilité et de croissance dont les grandes lignes ont été approuvées par le Conseil européen de Dublin en décembre 96 et confirmées à Amsterdam en juin 1997 (Conseil européen, 1997a et b ; Conseil de l'Union européenne, 1997a et b). L'autonomie fiscale est limitée par les progrès lents en matière d'harmonisation européenne (voir la contribution d'Angelo Cardani dans le présent ouvrage). La mobilité géographique intra-communautaire des salariés est réduite (CCE, 1997). Par rapport aux États fédéraux, le budget de l'Union européenne est particulièrement bas (1,25 % du PIB communautaire en 1996). Il n'y a pas de système fédéral de sécurité sociale et en particulier pas d'assurance chômage. Il n'existe pas d'instrument centralisé qui puisse intervenir en cas de chocs asymétriques.

1.1 Pactes sociaux dans le contexte de l'UEM

Depuis le début des années 90, différents pays ont été le cadre de négociations de pactes sociaux entre les partenaires sociaux et le gouvernement, notamment en 1992-93 en Belgique, en Italie, en Espagne, en Irlande et puis en 1995-96 au Portugal, en Finlande, en Allemagne et en Irlande et à nouveau en Belgique, en Italie et en Espagne. Si, en Belgique et en Allemagne, les pactes ont échoué, ce n'est pas le cas dans les autres pays cités où des accords substantiels ont été signés. Ceux-ci sont très larges par les matières couvertes. Ils dépassent les questions du marché du travail *stricto sensu* pour aborder un ensemble de facteurs liés à la compétitivité et à l'attractivité du territoire. On y retrouve le plus souvent des références implicites ou explicites aux thématiques européennes, particulièrement celles développées dans le Livre blanc sur la croissance, compétitivité, emploi (CCE, 1993). Un certain nombre de traits communs avec des variations nationales peuvent être mis en évidence, la modération salariale, la diminution des charges sociales et la flexibilité des conditions de travail.

On y constate également souvent une recrudescence des interventions des pouvoirs publics comme régulateur en dernière instance en matière salariale. Ceci est la conséquence de la nécessité de surveiller étroitement la cohérence entre les évolutions salariales et les contraintes macro-économiques globales (compétitivité, stabilité des prix et des taux de change) (De Villé, 1996). Au fur et à mesure que l'Union monétaire devient un horizon crédible pour l'ensemble des gouvernements et des acteurs socio-économiques de l'Union européenne et que les gouvernements nationaux font le choix stratégique de participer au premier cercle monétaire, les accords dans un certain nombre d'États membres deviennent plus explicites.

Notre analyse est que la perspective de l'Union économique et monétaire a modifié, parfois en profondeur, les relations industrielles nationales et particulièrement dans les pays ne faisant pas partie de la zone mark. Nous avons montré (OSE, 1997 ; Pochet, 1998) que l'internalisation des variables macro-économiques dans la négociation et le réagencement des niveaux de la négociation collective sont les principaux points communs à l'ensemble des expériences nationales présentées. Il s'est produit une centralisation (au plan national) des négociations salariales accompagnée de mécanismes de recours en cas de dérapage de l'inflation ou des salaires. Les marges de manœuvre, quand elles existent, se trouvent au niveau de l'entreprise (gains de productivité) ou au niveau local. Les pouvoirs publics ont joué dans tous les cas un rôle décisif et sont les gardiens de l'orthodoxie salariale. Cette centralisation ou recentralisation ne se remarque pas de la même manière pour les pays de la zone mark, ni pour la Suède et le Royaume-Uni.

En effet, dans le cadre de l'UEM, les négociations collectives ont dû tenir compte de trois paramètres :

(1) l'intégration dans les négociations salariales des variables macro-économiques et particulièrement de l'inflation (le pacte dévaluationiste devenant impossible)[1] ;

(2) l'articulation des niveaux de la négociation collective nationale (et éventuellement son anticipation à un niveau transnational) afin que les augmentations salariales soient compatibles avec les augmentations dans les pays voisins (tout en pouvant prendre en compte les gains de productivité) ;

(3) le renforcement de la flexibilisation du marché du travail (salaires, mobilité géographique et professionnelle) afin de pouvoir répondre aux chocs asymétriques.

Cette convergence des *outputs* peut en théorie être obtenue de différentes manières (Boyer, 1995) allant d'une forte centralisation à une totale décentralisation des négociations salariales (voir tableau 1)[2]. L'innovation que constitue l'Union monétaire européenne ne permet pas de prédire le modèle le plus adéquat.

Tableau 1

Quels sont les régimes salariaux compatibles avec l'UEM ?

Formule théorique	Avantages	Inconvénients	Facilité de mise en oeuvre
Décentralisation complète des négociations salariales	Tient compte des diversités locales *A priori* favorables à l'emploi	Hétérogénéité des évolutions et problèmes d'équité Possible sous-investissement dans la formation	Ne nécessite ni coordination, ni syndicats Opposition syndicale
Négociations décentralisées sous la contrainte d'une forte mobilité de main-d'oeuvre	Préservation possible de spécificités régionales Assure à terme une convergence des salaires	Néglige les coûts associés à la mobilité (logement, services publics, infrastructures)	La mobilité risque d'être fort limitée (langue, culture, coûts)
Conventions collectives portant sur le salaire à l'échelle européenne	Rééquilibrage du pouvoir des salariés Homogénéité ou comptabilité préservées	Des salaires uniformes pourraient pénaliser les régions à faible productivité	Peu d'exemples Persistance de fortes différences nationales dans les structures de négociation

Source: Boyer, 1995.

1.2 Quatre modèles de négociations collectives

Nous développons ici une analyse en fonction de la réorganisation des négociations collectives dans la zone euro. Nous distinguons quatre groupes de pays qui tendent à s'organiser en modèles différents. Le premier autour de la zone mark s'articule sur le projet de négociations sectorielles. À l'IG Metall qui était *de facto* l'interlocuteur privilégié de la Bundesbank correspondrait un IG Metall élargi correspondant de la Banque centrale européenne. Le deuxième modèle est celui des pactes sociaux compétitifs. Le troisième est une version « faible » du second. Il s'agit d'accords instables qui ne sont pas vraiment contrôlés. Le quatrième correspond à une décentralisation des négociations collectives dont le Royaume-Uni est le meilleur exemple. La France ne rentre pas dans ce schéma car son système de relations professionnelles est plutôt « explosif » et dominé par le politique. La Suède essaye pour sa part de recomposer son système de formation salariale afin de le rendre compatible avec la monnaie unique (LO, 1996).

Les pays faisant partie de chaque catégorie dont nous allons mettre en évidence quelques éléments que nous estimons importants sont susceptibles d'évolutions. En effet, le défi qui était posé et qui a été rencontré dans les différents États membres était d'entrer dans la monnaie unique et donc d'anticiper les effets les plus évidents d'une union monétaire

a) Le premier groupe : des négociations sectorielles

Le premier groupe est composé de pays qui ont lié depuis longtemps leur monnaie au deutsche mark et qui n'ont pas de problèmes particuliers à soutenir sur le long terme les conditions d'une monnaie forte. L'Autriche et les Pays-Bas ont bâti des systèmes compatibles avec la stabilité de change avec le deutsche mark. L'Autriche s'était préparée à l'entrée dans l'Union européenne en signant en 1993 un accord de modération salariale, la flexibilité salariale servant de régulation pour maintenir un taux de change stable entre le schilling et le deutsche mark (Péllissier, 1997 ; Handler & Hochreiter, 1996). Le débat ne porte pas sur les conséquences en matière salariale mais éventuellement en matière sociale au travers du respect du critère de déficit de 3 % (voir section 3). Quant aux Pays-Bas, ils ont dès 1982 déterminé les éléments essentiels d'un nouveau modèle. Celui-ci fonctionne sur un trépied : une modération salariale, une réduction du temps de travail surtout par le temps partiel et une décentralisation des négociations collectives.

Ceci montre que l'adaptation à l'UEM peut prendre des voies différentes, centralisation dans le cas de l'Autriche et décentralisation coordonnée aux Pays-Bas. Le Danemark, bien qu'ayant refusé de participer au premier groupe, ne peut ignorer les conséquences de l'Union monétaire, notamment en ce qui concerne la formation salariale. Du fait d'une opinion publique extrêmement rétive, il est obligé d'avoir au sein des élites politiques ou syndicales un débat quasi clandestin.

Ce débat ne concerne pas *a priori* l'Allemagne. La tentative de négocier un pacte social n'y est pas liée à l'UEM. L'UEM y est appréhendée par rapport à la valeur externe du deutsche mark face aux autres monnaies européennes et au dollar. Selon les syndicats, son appréciation constante a affaibli la position compétitive de l'Allemagne et l'entrée dans l'euro devrait permettre d'éliminer cette variable défavorable. Les débats porteront dans un premier temps principalement sur la valeur du « modèle allemand » dans le cadre de la mondialisation (Jacobi & Pochet, 1996). Toutefois cette approche s'avère trop limitée. L'entrée dans l'Union monétaire implique éventuellement des concurrences structurelles de la part du Sud (Espagne, Portugal) (Busch, 1995). Ensuite, la négociation collective en Allemagne, qui est dominée par IG Metall, va devoir se définir dans une union monétaire large où les intérêts des « grands » États membres sont différents (Soskice, 1997). C'est dans ce sens qu'il faut interpréter la décision d'IG Metall d'associer, lors des négociations régionales, les partenaires du secteur métal des États voisins. En ce qui concerne la Belgique et les Pays-Bas, un délégué par pays a suivi la négociation avec le patronat allemand dans la région de Wesphalie/Rhénanie. Les Allemands devant faire de même dans les deux pays. Cette dynamique s'est reproduite avec les syndicats danois et autrichiens. D'une certaine manière, il s'agit par l'échange d'informations et de pratiques d'unifier les agendas revendicatifs des pays limitrophes de l'Allemagne. Parallèlement au niveau européen, la Fédération Européenne des Métallurgistes (FEM) essaye d'aboutir à des minima revendicatifs communs.

b) Le second groupe : des pactes sociaux compétitifs

Sont concernés par celui-ci, les pays qui ont conclu, sous des formes très diverses, des accords centralisés « forts » (volontaire ou non). La Belgique, l'Irlande, la Finlande et l'Italie rentrent dans cette catégorie.

En Belgique, le système de formation des salaires a été perturbé à de nombreuses reprises par des interventions directes du gouvernement depuis le début des années 80. Les partenaires sociaux et le gouvernement ont recherché un second souffle dans les années 90 autour de l'idée d'un nouveau pacte social. Plus que dans d'autres pays, la sécurité sociale et son financement ont été au centre des discussions (Arcq, 1997). Mais rapidement le véritable cadre des négociations s'avérera être celui de la loi (adoptée en 1989) « de sauvegarde de la compétitivité ». Cette dernière charge le Conseil central de l'économie de surveiller, sur base de critères préétablis, la compétitivité des entreprises par rapport à cinq pays de référence. Suite à l'échec des négociations avec les partenaires sociaux pour établir un pacte social, le gouvernement adopte un plan global. En 1995, le dialogue est renoué mais celui-ci est rapidement interrompu suite aux désaccords entre syndicats, patronat et gouvernement sur la conditionnalité ou non de la réduction des charges sociales à la création d'emploi. Finalement le titre des lois-cadres adoptées indique bien le sens des discussions : *La modernisation de la sécurité sociale ; Sur la participation de la Belgique à l'UEM* et *La promotion de l'emploi et la sauvegarde de la compétitivité*. En matière salariale, un pas supplémentaire est franchi en établissant une zone salariale de référence, composée de ses trois principaux partenaires commerciaux, l'Allemagne, la France et les Pays-Bas. Pour la première fois, des partenaires sociaux se voient contraints de soumettre leurs négociations collectives aux résultats atteints dans les pays voisins. Pour la première fois depuis le début des années 80, les partenaires sociaux ont été incapables de s'entendre au niveau interprofessionnel et le gouvernement a tranché comme le prévoit la loi sur la compétitivité en limitant les augmentations salariales à 6,1 % (inflation incluse) en deux ans.

L'Irlande était considérée implicitement comme appartenant à la zone sterling et, d'autre part, fait partie des pays périphériques dits « de la cohésion ». De plus, sa structure industrielle diffère de celle du noyau dur (Allemagne, France, Benelux, Autriche, Danemark) (Jacquemin & Sapir, 1995). Depuis 1987, les partenaires sociaux ont signé quatre accords successifs qui ont construit progressivement les conditions d'entrée dans l'UEM. Le dernier accord signé en janvier 1997 intitulé *Partnership 2000 for Inclusion Employment and Competitiveness* s'inscrit d'emblée dans le cadre de l'Union monétaire et du Pacte de stabilité et de croissance. De plus, il envisage l'hypothèse de l'entrée de l'Irlande sans celle du Royaume-Uni dans la troisième phase de l'UEM et les conditions de maintien, dans ce cas, de la compétitivité irlandaise. Le système salarial préconisé consiste en quatre phases d'augmentation du salaire de base avec une possibilité à partir de la troisième phase d'obtenir une augmentation maximale de 2 % en fonction de la situation de l'entreprise. Par rapport aux autres pays, l'Irlande possède toutefois une variable d'adaptation aux chocs particuliers : la migration. Par contre, l'ampleur de son commerce avec le Royaume-Uni et l'influence des augmentations salariales dans ce dernier pays demeurent des sources de fragilité (Baker *et al.*, 1996). Malgré les gains en termes d'emplois (en dehors de l'agriculture), une amélioration sensible des finances publiques et des taux de croissance les plus élevés de l'UE, le quatrième accord *Partnership 2000* a reçu un accueil plutôt tiède de la part des dirigeants syndicaux (217 votes pour 134 comparé à un ratio de 3 à 1 en 1994). Cette tendance est encore plus accentuée quand on prend en compte le vote des membres. L'hypothèse de base de l'accord irlandais (dévaluation de la livre anglaise) s'est trouvée démentie par les faits (augmentation d'environ 10 %). Les demandes syndicales portent actuellement sur une partie variable du salaire liée aux performances économiques (O'Riordan, 1997).

La Finlande a connu deux chocs asymétriques : l'écroulement du prix du bois et l'effondrement du commerce avec les pays de l'ex-bloc de l'Est, Russie incluse, desquels ont découlé un chômage important (16 %) et un déficit budgétaire notable (7 %). Elle se devait de rétablir un système stable correspondant à son choix de l'intégration européenne. Toutefois ses caractéristiques économiques demeurent toujours fort différentes des pays de la zone mark. Les exportations sont composées pour un tiers de produits forestiers et plus de 40 % du commerce se réalise toujours avec des pays non membres de l'Union européenne. Et parmi ces derniers, 25 % des exportations sont dirigées vers le Danemark, la Suède et le Royaume-Uni qui ne seront pas membres du premier groupe. Après la décentralisation des négociations collectives de 1991, les partenaires sociaux finlandais vont en 1995 les recentraliser. L'accord de 1995 prévoit des augmentations salariales très modérées (par la suite l'inflation a très fortement diminué, atteignant 0,5 % en 1996 ce qui a entraîné des augmentations du salaire réel). À ce propos, Pekkarinen (1996) souligne : *« Il semble accepté comme point de départ que le maintien des institutions centralisées de négociation permet d'obtenir de meilleurs résultats pour un ajustement sans heurt à une inflation faible. »* Le nouvel accord conclu en décembre 1997 pour les année 98-99 confirme la modération salariale puisque les augmentations seront de l'ordre de 1,6 % en 1998 et de 2 % en 1999. Une des exigences syndicales : le maintien de la négociation centralisée a été acquise. Cette modération salariale a été acceptée en échange de la création de fonds de stabilisation *(buffer)* visant à contrer les effets d'un choc asymétrique. La Finlande est, avec la Suède, le pays le plus avancé dans la réflexion sur les impacts de l'UEM. Par ailleurs, le gouvernement a demandé à un groupe de scientifiques d'établir un rapport sur les conséquences de l'Union monétaire et a tenu un large débat au Parlement.

L'Italie est l'exemple d'un extraordinaire rétablissement dont les accords entre partenaires sociaux ont été un élément-clé. L'accord du 23 juillet 1993 qui complète celui du 31 juillet 92 sur la fin de l'indexation automatique des salaires *(scala mobile)* consolide des choix faits dans les années 80. La priorité est donnée à la lutte contre l'inflation et à la construction d'une articulation entre les niveaux de négociation compatibles avec les exigences de la monnaie unique. La négociation salariale se réalise à deux niveaux. Une négociation nationale (sectorielle) qui détermine en deux temps (mai/juin et septembre) des augmentations de salaires minimales en fonction des paramètres macro-économiques à disposition et une négociation décentralisée qui tient compte des gains de productivité dans l'entreprise (Brunetta & Tronti, 1995). Cet accord arraché par le gouvernement s'inscrit complètement dans une perspective européenne et a contribué au processus de désinflation. Les augmentations ont été inférieures (particulièrement dans le secteur public) en moyenne au taux d'inflation. Contrairement au patronat des autres pays européens, l'attitude d'une partie du patronat italien voulant « l'emploi avant Maastricht » est symptomatique d'une volonté de revenir au pacte dévaluationiste précédent[3]. De même, le patronat souhaite ne garder qu'un seul niveau de négociation, de préférence le niveau décentralisé.

Ces quatre pays, s'ils partagent un modèle centralisé, ont, comme nous l'avons constaté, des spécificités fortes en ce qui concerne notamment la place des pouvoirs publics. Ils sont également susceptibles d'évolutions. Par exemple, on imagine mal que la négociation collective en Belgique soit mise sous contrôle pendant un temps indéterminé. De même, les tensions existent déjà en Irlande sur le partage des bénéfices de la croissance. En Italie, on peut déceler des évolutions vers une différenciation accrue entre le nord et le sud du pays. Dès lors, les pactes compétitifs ne peuvent être qu'une phase intermédiaire permettant de garantir l'entrée des pays dans l'Euroland mais ils évolueront une fois l'euro pleinement lancé.

c) Le troisième groupe : des accords potentiellement instables

Trois pays sont concernés : l'Espagne, le Portugal et la Grèce. Ils ne peuvent prétendre pleinement au titre de pacte compétitif. Par exemple, la *Confederação Geral dos Trabalhadores Portugeses* (CGTP) – qui est le plus important des deux syndicats portugais – n'a pas signé le Pacte et est assez opposé à l'UEM (UEMInfo, 1997). L'accord espagnol, s'il concerne indirectement l'UEM, ne constitue qu'un premier pas qui doit encore être confirmé. Quant à la Grèce, il s'agit d'un processus en cours. Pays en rattrapage économique, ils sont également confrontés à d'autres défis ou opportunités (inflation, croissance, productivité). Leur structure industrielle est également clairement différentes des pays de la zone mark.

L'Espagne ne dispose pas d'un modèle de relations industrielles stable et cohérent. L'entrée dans le système monétaire européen avec une peseta surévaluée avait entraîné des conséquences économiques négatives qui s'étaient soldées par les dévaluations de 1992-93. Le modèle de développement espagnol se caractérise par un marché du travail flexible (34 % de contrats atypiques essentiellement à durée déterminée), des salaires relativement bas, une formation professionnelle réduite, une faible innovation, des dépenses de recherche et développement peu élevées (Gonzalez Calvet, 1996). Le coût du travail et la flexibilité/rigidité sont au centre des débats (Gonzalez & Pochet, 1995). À partir de 1985, les tensions entre les syndicats – particulièrement avec l'*Union General de Trabajadores* (UGT) (initialement proche des socialistes) – et le gouvernement socialiste ont été de plus en plus vives (Ministerio del Trabajo, 1997), signalant également la fin de la période de transition démocratique. Dans ces conditions, une entrée dans l'UEM s'avère périlleuse. Après les élections de 1993, le gouvernement socialiste a proposé un nouveau pacte social. Suite à l'échec des négociations, le Parlement a adopté la réforme du marché du travail. Celle-ci augmente la flexibilisation et accentue la décentralisation de la négociation collective. Après l'échec du pacte social, les syndicats et le patronat sont arrivés à deux accords, l'un sur la réforme des ordonnances franquistes et l'autre sur la gestion des conflits collectifs. Ce dialogue renoué aboutit en mars 1997 à un important accord qui comporte deux axes principaux. La promesse d'une diminution du nombre de contrats à durée déterminée contre la réduction du coût du licenciement pour certaines catégories de nouveaux contrats ainsi qu'une définition plus précise des causes objectives de licenciement. Une réorganisation de la négociation collective vise à une rationalisation (il existe plus de 4 500 conventions) et à une hiérarchisation entre les niveaux. Il s'agit du premier pacte signé par les *Comisiones Obreras* (syndicat à l'origine proche du parti communiste) depuis 1981. Selon les partenaires sociaux, il s'agit d'un accord stratégique pour rentrer dans l'Union monétaire.

Depuis 1990, aucun accord substantiel n'avait été signé au Portugal. Un premier accord social à court terme (un an) a été signé en 1995 et a été suivi par un accord triennal. Bien que l'accord porte essentiellement sur la réduction du temps de travail et la flexibilité, il s'inscrit dans les perspectives macro-économiques pour rentrer dans l'UEM. La CGTP (proche des communistes) a refusé de signer ces deux accords, jugeant les propositions sur la protection sociale insuffisantes. Le deuxième accord vise à renouveler, en le modernisant, le modèle de développement portugais et ambitionne un rattrapage des salaires réels avec les pays européens les plus avancés. Pour ce faire, il est proposé d'accorder des augmentations égales à l'inflation et la moitié des gains de productivité. Comme l'accord irlandais, italien ou le plan belge pour l'emploi, cet accord est à large spectre puisqu'il considère en une centaine de pages la politique des revenus, l'emploi et la formation, les conditions de travail, la protection sociale, la fiscalité et les services publics.

La Grèce quant à elle n'espère pas entrer dans l'Union monétaire avant 2001. Toutefois, le gouvernement a lancé au début du mois de mai 1997 différents groupes de travail qui sont chargés d'élaborer des propositions dans le cadre du dialogue social. En novembre 1997 un pacte de confiance « vers l'an 2000 » a été signé entre les partenaires sociaux et le gouvernement comprenant treize grands axes. Concernant les salaires pour 1998 et 1999 et pour assurer la participation de la Grèce à l'UEM, la formule qui a été adoptée est celle de l'inflation plus une partie de la productivité nationale (Ministère national de l'Économie, 1997).

d) Quatrième groupe : une décentralisation des négociations salariales

Pour le moment, le Royaume-Uni est encore seul dans sa catégorie. Elle correspond néanmoins à un souhait du patronat dans différents pays européens. Comme nous l'avons vu, il n'est pas impossible que l'un ou l'autre pays qui a choisi une voie de centralisation de la négociation salariale évolue vers des négociations plus décentralisées. Comme le remarque Boyer (1995) : « Si un régime financier international impose l'idéal d'une quasi-stabilité des prix, alors chaque régime salarial national doit s'adapter en conséquence. Or, il n'est pas évident que les négociations décentralisées entre firmes et salariés conduisent spontanément à une distribution du revenu qui soit compatible avec les objectifs généraux de la politique économique concernant l'équilibre extérieur, la croissance et la création d'emploi. C'est dans ce contexte que les politiques des revenus reprennent toute leur importance. » C'est sans doute la raison principale de l'absence, pour le moment, de décentralisation massive de la formation des salaires.

e) Un cas particulier : la France

Quant à la France, son mode de relations sociales est toujours explosif comme l'ont montré les grèves de décembre 1995. Sur une longue période ceci pourrait lui poser des problèmes de compatibilité avec la stabilité exigée par le modèle d'Union monétaire adopté à Maastricht. Elle dispose, suite à la décennie de désinflation compétitive, d'une réserve potentielle d'augmentations salariales qui la dispense, du moins à moyen terme, d'entrer, dans ce type de débat. La proposition récente du gouvernement français de faire une grande conférence sur l'emploi ainsi que la volonté de rééquilibrer l'Union monétaire par un pendant économique et social sont les signes que des changements sont en cours. À la différence des pays des deuxième et troisième groupes, l'objectif n'est pas ici d'inscrire dans un contrat national un principe de modération salariale mais plutôt d'éviter un biais déflationniste dû à une modération salariale généralisée (Muet, 1997). Certains commencent à s'inquiéter de l'absence de cadre structuré de relations collectives et de l'émiettement syndical. Ainsi Duval (1998) rappelle :

> « Nous n'aurons plus la possibilité de dévaluer quand les salaires auront augmenté trop vite à la suite de conflits sociaux majeurs, dus à cette absence de structures de négociation. Un risque oublié depuis quinze ans, mais pas forcément à sous-estimer pour le futur : le renouveau récent des conflits, comme celui des routiers à l'automne dernier, signifie sans doute que le temps de la résignation est en train de se terminer pour les salariés du secteur privé, malgré le chômage de masse. Par ailleurs, du fait du Pacte de stabilité budgétaire, l'État pourra moins facilement que depuis dix ans compenser partiellement par ses dépenses et son déficit les effets désastreux sur la demande intérieure d'une politique salariale trop restrictive quand le rapport de forces est favorable aux entreprises. Au sein d'une Union monétaire il importe d'éviter les à-coups sur les salaires, le trop ou le trop peu, et seule la négociation de branche ou la négociation nationale peuvent permettre de lisser les évolutions. » (p.22).

1.3 Conclusion : une réelle convergence dans la formation des salaires

Le tableau suivant reprend les évolutions salariales nominales et réelles dans les pays de l'Union européenne. On peut constater que, par rapport aux prévisions, les chiffres fournis montrent pour un groupe de pays composé du Danemark, de la Finlande, de la Grèce, de l'Irlande, de l'Italie, du Portugal et de la Suède des augmentations réelles de 2 % ou plus en 1996.

Tableau 2

Les augmentations salariales nominales et réelles

Pays	Nominal (a)				Réel (b)			
	1994	1995	1996	1997*	1994	1995	1996	1997*
Allemagne	2,5	3,6	2,6	2,4	-2,0	1,6	0,8	0,8
Autriche	3,0	3,8	2,9	2,4	0,3	1,5	0,8	0,5
Belgique	2,6	2,5	1,6	2,6	0,1	0,8	-0,4	0,5
Danemark	3,0	3,6	4,1	3,8	1,0	1,5	2,1	1,4
Espagne	3,5	3,0	3,9	3,2	-1,1	-1,6	0,3	0,3
Finlande	1,0	4,7	4,0	3,2	-1,0	4,5	3,1	1,6
France	2,4	2,3	2,2	2,2	0,7	0,7	0,4	0,8
Grande-Bretagne	3,8	2,9	3,3	4,1	0,9	0,3	0,7	1,7
Grèce	13,3	12,7	11,1	9,2	1,5	3,1	2,4	2,2
Irlande	2,8	1,1	4,0	4,2	4,0	-0,9	2,0	1,9
Italie	3,2	5,2	6,2	4,1	-0,7	-0,6	2,2	1,2
Luxembourg	4,2	3,8	3,4	3,7	1,8	1,7	1,7	1,6
Pays-Bas	1,7	2,0	1,0	2,3	-0,5	1,1	-0,9	0,3
Portugal	4,3	5,3	5,8	5,0	-1,1	1,1	2,4	1,9
Suède	4,6	3,1	6,6	4,3	1,1	0,4	4,8	1,9

* Estimation

Sources : CCE (1997) et OCDE (1996), cité par FAJERTAG, 1997.

Ces chiffres globaux sont à prendre avec l'habituelle prudence requise. Toutefois, ils indiquent une déconnexion parfois assez sensible entre la modération salariale affichée et les augmentations nominales. Si l'on prend en compte les augmentations réelles, on constate en 1997 une majorité de pays entre 1 et 2 % avec des écarts assez peu importants puisque la Grèce est le pays qui a connu les augmentations réelles les plus importantes avec seulement 2,2 %.

Dans une large mesure, la question importante de la formation des salaires a reçu une réponse cohérente dans les divers pays européens. Le rapport de la Commission intitulé *Croissance et emploi dans le cadre de stabilité de l'UEM* (CCE, 1998) notait comme conditions pour l'UEM que : « (i) la hausse des salaires nominaux doit être compatible avec la stabilité des prix ; (ii) la hausse des salaires réels par rapport à la productivité doit tenir compte de la nécessité d'accroître la rentabilité de l'investissement et de soutenir le pouvoir d'achat des salariés ; (iii) les conventions collectives doivent mieux refléter, et de manière pragmatique, les écarts de productivité liés aux qualifications, à la région et dans une certaine mesure au secteur. » (p.13). Si le rapport donne son quitus sur les deux premiers points, il ne se prononce pas sur le troisième. Il insiste sur la flexibilité dans le cadre de risques de chocs asymétriques (voir *infra*).

Par contre, la cohérence de cet ensemble de formation salariale particulière à chaque État membre doit être encore testée dans une union monétaire. Il ne s'agit pas d'avoir des augmentations nominales identiques, encore faut-il les pondérer de la hausse de la productivité et de l'inflation, et ce sur une longue période (Frohlich, 1997). L'accord pour des augmentations de salaires égales à l'inflation et à la moitié des gains de productivité comme « idéal » dans l'Union monétaire est remis en question par certains. Ils mettent en avant les risques de déflation. La zone monétaire deviendrait structurellement sous-optimale ce qui conduirait à un chômage accru. D'autres critiques portent plus sur le cercle vertueux qui ferait que la modération salariale entraîne une augmentation des investissements et ensuite une augmentation de l'emploi. Ils soulignent que la modération salariale peut simplement conduire à une concurrence accrue sur les marchés étrangers et à une spirale de dévaluation sociale.

En conclusion, il semble acquis que les différents pays qui entrent dans la zone euro ont établi une formation des salaires compatible avec la création d'une monnaie unique dans le sens que les augmentations ne sont pas supérieures aux gains de productivité et anticipent une hausse modérée des prix (de l'ordre de 2 %).

Pour autant, rien n'a été envisagé concernant des augmentations trop faibles. Comme l'écrit Noé : *« But who is around to prevent social partners from setting for too low wages in a period of mass unemployment and in today's supply-side policy environment. »* (Noé, 1998). D'autre part, quel sera le référent de la BCE en matière d'augmentation de salaires ? Cette question reste une inconnue dans un tel éparpillement des modes de formation des salaires. Par exemple, comment réagira la BCE à une explosion sociale en France ? Considérera-t-elle cela comme un choc particulier à un pays ou anticipera-t-elle un risque de contagion à l'ensemble de l'Euroland ?

2. QUELLE RÉPONSE AUX CHOCS ASYMÉTRIQUES ?

Le modèle d'union monétaire construit par le traité de l'Union ne connaît pas d'équivalent dans le monde. Face à cette nouveauté et à l'incertitude sur les conséquences effectives de l'approche choisie, la littérature économique s'est appuyée sur la théorie des zones monétaires optimales (Mundell, 1961). Les analyses ont principalement porté sur les effets et l'ampleur des chocs asymétriques dans des États fédéraux, en comparant notamment l'Union européenne aux États-Unis (Beine, 1998). Les effets automatiques des systèmes fédéraux de solidarité (transferts régionaux au travers de la fiscalité et de la sécurité sociale et particulièrement des allocations de chômage) ont été particulièrement étudiés. Ces résultats ont parfois été discutés quant à leur ampleur (Gros, 1996) mais non quant à leur réalité. La conclusion générale et unanime de ces études est que le marché du travail sera le principal vecteur des efforts d'ajustement et qu'il conviendra d'assurer sa flexibilité afin que les ajustements ne se réalisent pas principalement par une réduction d'emplois. Un ensemble de mesures complémentaires sont également préconisées visant à favoriser une approche préventive (éducation/formation, politique industrielle, etc.).

Il faut souligner que ces « propositions » découlent de la constatation que les autres variables (budget, migration, transports, etc.) étaient bloquées. Or, on pourrait développer aussi légitimement un autre raisonnement. Comme les salaires nominaux sont et seront peu ou pas flexibles à la baisse, comme le niveau de flexibilisation des conditions de travail est déjà considéré dans un certain nombre de pays comme trop important, il faudra « ouvrir » d'autres variables, par exemple la mobilité. Il existe en effet un *trade-off* évident entre mobilité et flexibilité et certaines études vont jusqu'à avancer que 65 % des effets d'un choc asymétrique sont réglés par la mobilité (Blanchard & Katz, 1992). Il s'agit ici d'un enjeu idéologique, comme le soulignait Verdun *(ibidem)*. Il n'y a aucune fatalité à ce que ce soient nécessairement les salaires qui deviennent plus flexibles. Migration, déficit budgétaire, fonds de solidarité peuvent contribuer à atténuer un choc asymétrique. Néanmoins, il est dans tous les cas nécessaire d'opérer *in fine* par des mesures de type structurelles.

Il n'est pas étonnant que la Finlande ait été le pays qui a le plus réfléchi sur la manière d'atténuer les effets d'un choc asymétrique. Il constitue en effet l'exemple type du pays vulnérable à un choc particulier. Il est fortement dépendant de la filière bois qui est par nature cyclique. Une crise du bois ne toucherait pas dans les mêmes proportions les autres pays de l'Euroland.

Dans un environnement d'union monétaire, on ne pourra plus jouer sur les variations du taux de change pour « flexibiliser » les salaires. À cause de sa grande dépendance à l'industrie du bois, il y a une grande différence entre le cycle économique de la Finlande et celui des autres États membres de l'Union européenne. Dans un environnement d'union monétaire, il faut donc craindre des chocs externes dont la Banque centrale européenne ne tiendra pas nécessairement compte dans sa politique monétaire.

Le 11 novembre 1997, les partenaires sociaux sont parvenus à un accord sur les fonds de stabilisation qui permettront de faire face à d'éventuelles turbulences économiques pouvant survenir lorsque la Finlande participera à la troisième phase de l'UEM. L'accord permettra de pouvoir utiliser les fonds de pension, les fonds des caisses d'assurance chômage et les fonds constitués pour le personnel comme des fonds de stabilisation *(buffers)*.

Deux *buffers funds* pour un total de 7 milliards de finmark (FIM) (environ 1 milliard d'écus) seront constitués : un fonds dans le plan de pension et un autre aux caisses d'assurance chômage.

Ces fonds apporteront une protection supplémentaire des revenus pendant les périodes de crise économique et permettront de contrôler les variations des cotisations des employeurs et des travailleurs à la sécurité sociale.

Pour constituer ces fonds de stabilisation, les partenaires sociaux estiment que, pendant les périodes prospères, les employeurs et les travailleurs contribueront plus que nécessaire, le surplus étant versé dans les *buffers*. Alors que pendant les périodes de crise, leurs contributions pourront être baissées sans pour autant qu'il y ait baisse de salaire net. Cette baisse sera compensée par des prélèvements dans les *buffers funds* pour équilibrer les comptes de la sécurité sociale.

Les contributions à ces fonds *buffers* devraient commencer au début 1999 et se terminer entre 2002-2004 lorsqu'on aura atteint 7 milliards de FIM. Si une récession normale dure et se transforme en dépression, les fonds réservés aux futures pensions et autres revenus pourraient alors être utilisés comme fonds de stabilisation.

Le cas finlandais est actuellement clairement une exception mais ses protagonistes, notamment syndicaux, espèrent l'étendre aux autres pays scandinaves et visent *in fine* un fonds européen.

En cas de chocs asymétriques, les solutions ne sont pas nombreuses : la flexibilisation des conditions de travail, la régionalisation des conventions collectives ou la flexibilisation du coût salarial global sont les trois pistes qui sont pour le moment les plus sérieuses :

(1) Une partie flexible au salaire en fonction des résultats. C'est la voie qui est actuellement suivie par le syndicat irlandais. La Commission suit attentivement cette question et a déjà produit deux rapports (Uvalic, 1990) sur ce sujet. Leur conclusion est que cette forme de participation aux bénéfices est très inégalement répartie entre les États membres, certains étant très rétifs, d'autres beaucoup plus ouverts. Entre les deux rapports, il n'y a pas de tendances significatives ni dans un sens, ni dans l'autre.

(2) Une régionalisation des conventions collectives pour être plus proche des productivités réelles. Le rapport économique annuel de la Commission de 1997 indiquait : « quand la flexibilité des salaires est faible, les différentiels de productivité entre région ne sont souvent pas reflétés valablement par les écarts entre les coûts salariaux. Aussi la réduction des disparités régionales en matière de chômage pourrait-elle exiger une flexibilité accrue des salaires au niveau régional. » (CCE, 1997 : 30).

(3) Une flexibilité des coût salariaux totaux y compris les coûts de sécurité sociale. C'est l'essence de l'exemple finlandais pour une version régulée ou c'est le discours de dérégulation sans compensation (suppression du salaire minimum, réduction des allocations sociales, etc.).

C'est ainsi que le débat sur l'Union monétaire, l'emploi et les chocs asymétriques concerne également la sécurité sociale.

3. UEM ET SÉCURITÉ SOCIALE : LES DÉBATS NATIONAUX

3.1 Sécurité sociale dans le contexte de l'UEM

En matière de protection sociale, il est particulièrement difficile de distinguer ce qui relèverait réellement de l'impact direct ou indirect de l'Union monétaire de ce qui serait dû à d'autre facteurs tels la mondialisation, l'anticipation du vieillissement de la population, etc. Domaine sensible par excellence, la protection sociale est souvent l'objet de discours enflammés, alors qu'un examen attentif des réformes appliquées montre que les changements se font de manière progressive (Arcq & Blaise, 1996). L'exemple allemand en est une illustration récente. Alors que les modifications imposées par la coalition au pouvoir entraînaient une diminution de 0,3 % des dépenses publiques de sécurité sociale qui passaient de 30,3 à 30 % du PIB, certains s'interrogeaient sur la fin du modèle allemand ou parlaient d'américanisation de celui-ci.

La protection sociale semble relativement épargnée dans le cas d'ajustement budgétaire :

> *« According to an OECD (1996) investigation of 15 cases of fiscal consolidation involving 11 countries, in all but one (Ireland 1986-89), government pursuing consolidation increased revenues as a percentage of GDP and in nine of the 15 cases, revenues increases accounted for the majority of fiscal consolidation. On spending side, where expenditure declined, consolidation occurred largely in investment spending (which fell in 14 cases), and more modestly in public consumption (which fell in nine cases). Transfer spending fell in only seven cases, and generally by very modest amounts. Even in these periods of budgetary crisis and intense fiscal consolidation, only three of 15 cases reduced transfer spending by more than one per cent GDP (by contrast, six achieved that large a cut in public consumption, and seven in investment spending). »* (Rhodes, 1998).

Cependant, certains changements en apparence anodins sont porteurs de modifications substantielles. Il est donc parfaitement légitime de s'interroger sur un changement de modèle ou sur les points de rupture. Bien plus que pour les négociations collectives, les évolutions des systèmes de protection sociale font l'objet de longues consultations où un nombre important d'acteurs sont parties prenantes. Ceux-ci sont d'ailleurs différents selon que l'on considère l'une ou l'autre des branches de la sécurité sociale.

Par ailleurs, un certain nombre de défis de nature diverse structure et encadre les évolutions nationales. Parmi ceux-ci, citons : la dégradation de la relation actif-inactif, l'augmentation du chômage de longue durée, l'évolution démographique globale, la modification des schémas familiaux, la croissance des formes atypiques de travail, le financement, etc. (Lambert, 1997).

Nous nous sommes interrogés sur les effets de l'UEM durant la période menant à la sélection des candidats pour la troisième phase de l'UEM. Pour ce faire, nous nous sommes principalement basés sur l'étude menée par J. Pakaslahti (1997)[4], tout en l'actualisant quand nécessaire et la complétant de commentaires propres. Nous avons ajouté des citations issues des recommandations du Conseil concernant les Grandes Orientations des Politiques Économiques (GOPE) de 1997 quand elles concernent la sécurité sociale (Conseil de l'Union européenne, 1997c)[5]. Pakaslahti a effectué une recherche sur l'impact des budgets 1997 sur la sécurité sociale. Cette étude a été réalisée sur base d'un dépouillement journalier pendant quatre mois de vingt-cinq quotidiens et couvre les quinze États membres. Elle donne l'état d'un débat public et non nécessairement la « réalité ». En effet, pour différentes raisons, des acteurs peuvent avoir intérêt à mettre en évidence un facteur comme l'UEM ou au contraire à le taire pour mener à bien des politiques qu'ils jugent appropriées. Néanmoins cette approche permet de présenter l'état des discussions nationales pour l'ensemble des pays membres. Elle permet également de mieux comprendre, quand on se place dans une optique européenne, la difficulté de communiquer entre différents pays ou groupes de pays qui ne sont pas confrontés aux mêmes débats publics.

3.2 Quatre groupes de pays

Les Quinze ne réagissent pas de manière uniforme face aux contraintes imposées par l'Union monétaire. À l'analyse, l'impact de l'UEM sur la protection sociale dépend essentiellement de la situation sociale, économique, budgétaire de chaque État membre à un moment donné. Si leurs situations socio-économiques et budgétaires sont assez divergentes, on peut toutefois se risquer, pour simplifier l'analyse, à un regroupement par pays (Degryse, 1997).

Un premier groupe comprend la France, l'Allemagne, la Belgique et l'Autriche. Un second est composé du Portugal, de l'Espagne, de l'Italie et de la Grèce. Le troisième se compose des pays nordiques : Danemark, Suède, Finlande et Pays-Bas. Et le dernier est un *patchwork* composé de l'Irlande, du Luxembourg et de la Grande-Bretagne. Si les frontières entre chacun de ces groupes peuvent parfois paraître poreuses, cette classification permet néanmoins de mieux comprendre les différences de situations et d'attitudes nationales face à l'Union monétaire et la protection sociale.

Toutefois, cette approche permet d'indiquer uniquement la coïncidence d'un débat (entre l'euro et la sécurité sociale) et la confection d'un budget. Comme indiqué pour l'Autriche, le débat a pu être préalable (le budget 96) ou sera ultérieur comme dans le cas de l'Italie pour la confection du budget 98. De plus, ceci n'implique pas nécessairement que l'impact soit proportionnel aux discours. Enfin, la Suède ou le Danemark n'ont pas encore connu réellement un débat public sur les conséquences de la monnaie unique car les gouvernements ont décidé provisoirement de ne pas faire partie du premier groupe.

Ces éléments soulignent la prudence nécessaire dans les interprétations.

a) Le premier groupe

> « Certains États membres ont utilisé leur budget afin de mettre en œuvre des changements fondamentaux dans la protection sociale et poursuivre un processus de réduction des dépenses sociales. En Allemagne, mais également en France et en Belgique, les critères de l'UEM sont utilisés afin de transformer la protection sociale

[...]. L'Autriche peut également être intégrée à ce groupe. En effet, le nouveau gouvernement a introduit, au début de l'année 1996, un budget d'austérité de deux ans qui comprenait des réductions considérables en matière de protection sociale. Selon le gouvernement, ces réductions auraient de toute manière été nécessaires, même si les critères de l'UEM ont également servi de facteur clef à la réalisation de ces changements. » (Pakaslahti, 1997 : 56).

En Allemagne, la croissance économique s'est ralentie dans le milieu des années 90 tandis que le chômage est passé au-dessus de la barre psychologique des 4 millions de personnes. En 1996, le gouvernement de M. H. Kohl avait élaboré un plan de restrictions budgétaires qui avait suscité de nombreuses manifestations (fonctionnaires, syndicats, etc.). En mars 1997, de nouvelles coupes budgétaires étaient annoncées et en juin, une réforme de la santé, qui prévoit une plus grande participation financière des patients, était adoptée au Bundestag pour stabiliser les dépenses sociales. Il faut toutefois noter qu'en dépit de certains changements et réductions majeurs dans les systèmes de protection sociale allemands, les dépenses sociales augmentent en pourcentage dans le budget fédéral de 1997, bien que le montant total du budget fédéral soit inférieur à celui de 1996. Les grandes orientations de politiques économiques communautaires indiquent : « L'assainissement budgétaire qui sera poursuivi devra privilégier une nouvelle réduction de la part des dépenses publiques dans l'économie, et notamment des réformes des systèmes fiscaux et de sécurité sociale. »

En France aussi, la croissance économique étant plus faible que prévu, la lutte contre le déficit budgétaire (qui s'approche des 300 milliards de FF) s'est traduite, sous le gouvernement Juppé, par d'importantes réductions des dépenses publiques. Le « plan Juppé » dévoilé le 15 novembre 1995 ouvrait le chantier d'une vaste réforme de la protection sociale. Si certains volets de ce plan ont été abandonnés suite aux manifestations de décembre 1995, d'autres ont en revanche été adoptés, dont notamment la loi de financement de la sécurité sociale destinée à encadrer chaque année l'évolution des dépenses notamment dans le domaine de l'assurance-maladie. Quant au nouveau gouvernement socialiste, il entend respecter les critères de Maastricht en 1998. Il s'est engagé à faire en sorte que la réalisation des promesses électorales ne contribue pas au creusement des déficits publics (4,2 % du PIB en 1996), alors que le déficit de la sécurité sociale pourrait atteindre 38 milliards de francs en 1997. Fin juin, le gouvernement lançait un projet de mise sous conditions de ressources des allocations familiales. Concernant la France, les recommandations sont particulièrement fortes. « Il est essentiel d'assurer, à moyen terme, la pérennité de l'assainissement budgétaire, par une application sans faille du programme de convergence récemment adopté. Il est nécessaire, en particulier, de maîtriser les dépenses de santé et d'équilibrer les comptes de la sécurité sociale. »

Enfin, en Belgique, le gouvernement a obtenu des pouvoirs spéciaux en mai 1996 pour élaborer les mesures d'austérité afin de respecter pour 1997 le critère de déficit de 3 %. Selon le Premier ministre, « cet assainissement des finances publiques doit permettre de réduire davantage le poids de la dette dans l'économie nationale et de créer la marge budgétaire nécessaire pour sauver l'emploi et pour rencontrer les effets du vieillissement démographique ». « Un budget 1997 nickel pour l'UEM » était le grand titre du journal *Le Soir* (1997) dans son interview de rentrée du ministre du Budget, indiquant ainsi le lien manifeste réalisé entre la monnaie unique et la réduction des déficits.

La Belgique est le pays où la sécurité sociale est la plus associée dans les discours à la réduction du déficit budgétaire. Les objectifs internes coïncidaient avec les objectifs posés par le traité sur l'Union. Les « 3 % » constituent également la norme adoptée en 1990 par le Conseil supérieur des finances pour arrêter l'« effet boule de neige » de la dette. Même les objectifs de budget en équilibre repris dans le Pacte de stabilité et de croissance finalement adopté à Amsterdam, coïncident avec l'approche du gouvernement et du Conseil supérieur des finances pour un désendettement accéléré.

Il faut néanmoins souligner combien certaines propositions gouvernementales ont contribué à associer dans l'esprit du public et même parmi certains responsables et cadres politiques le sentiment d'un lien direct entre UEM et dégradation des conditions sociales. Le projet, retiré par la suite, du secrétaire d'État à l'Intégration sociale de réduire l'aide de l'État aux Centres Publics d'Aide Sociale (CPAS) comprenant moins de trente-cinq minimexés en est un exemple. Le texte en son préambule faisait référence à la loi du 26 juillet 96 qui « vise à réaliser les conditions budgétaires de la participation de la Belgique à l'Union économique et monétaire » (Antoons & Pochet, 1998). Pour la Belgique, les grandes orientations soulignent : « Une attention toute particulière devrait être accordée à l'assainissement des comptes de la sécurité sociale, qui passe par l'adoption de mécanismes efficaces permettant de mieux contrôler les dépenses de santé, et par la poursuite des réformes du système de retraite. »

Dans ce premier groupe de pays, on peut dire que les critères de l'UEM ont été utilisés politiquement pour accélérer le rythme des décisions en matière de sécurité sociale. Les gouvernements ont eu le plus souvent une attitude schizophrénique affirmant d'une part, qu'avec ou sans Maastricht, ces réformes auraient été rendues néanmoins indispensables du fait de l'évolution des dépenses, mais d'autre part, ils ont justifié en même temps certaines mesures difficiles au nom de l'UEM.

b) Le second groupe

> « Le Portugal, l'Espagne et l'Italie ont fait de l'entrée dans le groupe de tête de la monnaie unique une priorité nationale [...]. Néanmoins, les gouvernements de ces pays, ont également maintenu lors de l'élaboration du budget 97 une approche prudente vis-à-vis d'une réduction des dépenses sociales. Ils suivent une double stratégie qui vise à laisser largement intactes les dépenses sociales tout en essayant d'assurer leur entrée dans la monnaie unique par tous les moyens. Il reste à voir si on peut éviter à long terme de toucher aux dépenses sociales. La Grèce, avec ses plans d'austérité ambitieux est inclue dans ce groupe même si elle ne pourra pas rejoindre le premier cercle dès le départ. » (Pakaslahti, 1997 : 56).

Ainsi, si l'Italie n'échappe pas à la réduction des dépenses et à la modération salariale, elle s'est mise à la recherche d'autres voies de financement telles que la fameuse « taxe européenne » ou « *Eurotaxe* ». À l'automne 1996, la préparation de la loi budgétaire a mis le gouvernement de M. Prodi à l'épreuve du programme électoral de la coalition de centre gauche de L'Olivier, à savoir : « Premièrement, ne pas toucher à l'État social ». Le 30 mai 1997, le gouvernement a fixé ses objectifs économiques pour les trois années à venir dans la perspective de la monnaie unique. Fait significatif : les lignes directrices de ce cadre ont été acceptées par les syndicats (*Confederazione Generala Italiana del Lavoro* – CGIL, *Confederazione Italiana Sindicati Lavoratori* – CISL, *Unione Italiana del Lavoro* – UIL) et les néocommunistes *(Rifondazione)*. Le rapport entre économies budgétaires et nouvelles recettes a été modifié afin de réduire les sacrifices. Le débat sur l'État social, notamment dans le domaine de la santé, a fait son apparition en 1997, ce qui amène l'Italie à la frontière du premier groupe de pays défini plus haut. Les grandes orientations de 1997 notent : « La réforme de la sécurité sociale et du système fiscal italien revêt une importance fondamentale. »

Au Portugal, la participation à l'UEM dès 1999 est une priorité nationale qui rassemble les deux principaux partis du pays (socialiste, au pouvoir, et social-démocrate, dans l'opposition). La reprise de l'économie portugaise (près de 3 % en 1996) facilite le processus de convergence, tout en contribuant à une légère réduction du chômage. Les critères de Maastricht sont atteints : stabilité monétaire, faible déficit, dette publique modérée, même l'inflation est sous contrôle. Un grand débat a été ouvert en février 98 sur l'avenir de la protection sociale (Livro Branco da Segurança Social, 1997).

En Espagne, le gouvernement conservateur a repris à son compte le credo européen de son prédécesseur socialiste. La croissance économique l'aide dans cette tâche : réduction des déficits publics, de la dette publique, inflation maîtrisée, et même, création de près de 200 000 emplois en 1996. La course à l'euro n'en a pas moins entraîné une réduction des dépenses publiques et une modération salariale chez les fonctionnaires, qui a provoqué des réactions syndicales. La protection sociale, et notamment le secteur de la santé, a pour l'instant été épargnée. L'Espagne, tout comme le Portugal, peut compter sur un accroissement des recettes publiques grâce à une croissance soutenue, à de nouvelles taxes, et un vaste programme de privatisation. Les dernières perspectives économiques du gouvernement montrent une réduction du déficit budgétaire à 1 % en quatre ans sans toucher aux dépenses sociales.

Quant à la Grèce, elle ne participera pas à la première vague de l'UEM. Ce qui ne signifie pas qu'elle ne se soit pas engagée dans une politique d'austérité budgétaire, en vue du respect des critères au siècle prochain. Six axes de son « Pacte de confiance vers l'an 2000 » (Towards the Year 2000, 1997) concernent la protection sociale.

Ce second groupe est sans nul doute le plus fragile. Déjà, on peut considérer que l'Italie est à la limite du premier groupe tant le débat du printemps et de l'été 1997 a été lié à la réforme de « l'État social ». La Grèce également se trouve candidate à moyen terme pour lier réformes sociales et UEM. Par contre les cas du Portugal et de l'Espagne sont plus tangents. Les dernières performances économiques peuvent les laisser envisager de répondre aux critères de convergence et de développer leur système de sécurité sociale. Toutefois, le Portugal et l'Espagne illustrent le cas d'une sécurité sociale tardive qui se trouve confrontée, dans une période de rattrapage, aux systèmes plus développés des pays du nord, à un contrôle important des coûts ainsi qu'à une « modernisation » accélérée comme le montre le livre blanc portugais.

c) Le troisième groupe

> « La principale caractéristique commune des États du troisième groupe est que des changements radicaux de la structure et du financement de la protection sociale ont déjà été menés antérieurement à cause de contraintes liées à une récession ou à des problèmes économiques [...]. Malgré des changements substantiels, chaque pays veut maintenir malgré tout les éléments fondamentaux de son modèle national de protection sociale, qui est également fortement soutenu par l'opinion publique. Les transformations de la protection sociale dans ces pays ne sont pas directement liées avec le cheminement de l'Union européenne en matière d'UEM. » (Pakaslahti, 1997 : 56).

Aux Pays-Bas, dès le début des années 90, le gouvernement de Ruud Lubbers s'est lancé dans une réforme en profondeur du système de sécurité sociale. Une réforme rendue nécessaire, d'une part, par le déficit budgétaire, et, de l'autre, par le constat d'abus manifestes. En 1992, les Pays-Bas comptaient officiellement près d'un million d'invalides dont 80 % en état d'incapacité totale de travail ; des chiffres qui ne se justifient par aucun critère objectif. Les Pays-Bas ont, depuis lors, procédé à la mutation de leur État-providence, qui demeure néanmoins l'un des plus généreux d'Europe. Les dépenses de protection sociale exprimées en pourcentage du PIB sont passées de 30,4 % en 1980 à 33,0 en 1992 (Degavre, 1997).

La situation des Suédois et des Danois est un peu particulière, puisque ces deux pays ont aujourd'hui des budgets en équilibre et pourraient participer à l'UEM dès 1999, mais ont décidé d'y renoncer. Le principal problème qui y persiste est le chômage. Quant à la Finlande le débat est clairement dissocié. Les réformes adoptées dans ces pays ne sont pas directement liées à l'Union monétaire. Il faut souligner que le redressement budgétaire finlandais et suédois a été remarquable. Par exemple, les Suédois avaient en 1993 un déficit budgétaire de plus de 13 %. Par contre, les Pays-Bas et la Finlande sont visés par les recommandations, ici sous une forme générale – « les transferts » – quant à une réforme plus approfondie de la sécurité sociale. « La poursuite d'une politique de maîtrise des dépenses s'impose également aux Pays-Bas et en Finlande, où un accent particulier devrait être mis sur les transferts de sécurité sociale, ce qui permettra d'alléger encore les coûts non salariaux de la main-d'œuvre, l'impôt sur le revenu ou d'autres impôts qui constituent un frein à l'emploi. »

d) Le quatrième groupe

> « Le dernier groupe comprend le Luxembourg, l'Irlande et le Royaume-Uni. Ces pays remplissent (ou presque) les critères de convergence. Ils n'ont également pas eu d'importantes discussions concernant la réforme de la protection sociale en tant que garantie d'entrée dans l'UEM. » (Pakaslahti, 1997 : 57).

L'Irlande affiche une santé économique exceptionnelle. En 1996, son déficit budgétaire était en-dessous des 3 % pour la septième année consécutive. Ce pays, où la croissance du PIB en 1996 est de + 8,4 % pour une croissance moyenne de l'UE de + 1,6 %, a assuré sa place dans le noyau dur de l'UEM sans avoir dû imposer de contraintes dans le domaine de la politique sociale et de son financement. Il en va de même pour le Luxembourg, dont la dette publique s'élève à 7,8 % du Produit intérieur brut et dont le déficit public est inexistant, puisque le budget luxembourgeois est le seul d'Europe à être en excédent (de 0,9 % du PIB en 1996). Enfin, le Royaume-Uni est de toute évidence le pays de l'UE qui a le plus transformé sa politique sociale au cours des dernières années. Mais cette transformation s'explique davantage par le contexte de politique intérieure (gouvernement conservateur de 1979 à 1997) que par le cheminement vers l'Union monétaire, auquel Londres a refusé de participer.

4. CONCLUSION

Ce survol rapide des débats nationaux montre que la perspective de l'Union monétaire rend plus nécessaire que jamais l'équilibre entre les ressources et les dépenses de protection sociale. Cet équilibre, qui peut parfois entraîner des modifications dans les modèles nationaux de protection sociale, est toutefois une question qui relève pour l'essentiel de décisions nationales, de possibilités économiques et de priorités politiques. L'analyse des surplus et déficit de la sécurité sociale montre clairement qu'elle n'est pas responsable (à l'exception de l'Italie, de l'Espagne et de l'Irlande) des déficits publics. Dans un certain nombre de pays, elle a contribué à les réduire.

L'UEM a été un facteur parmi d'autres qui ont façonné les évolutions des systèmes nationaux de sécurité sociale. Les analyses des impacts se sont centrées sur la deuxième phase, c'est-à-dire le passage vers une monnaie unique. Toutefois, selon nous, les véritables défis liés à l'Union monétaire se marqueront de manière beaucoup plus manifeste durant la troisième phase. En effet, les contraintes liées à la réduction des déficits budgétaires seront accentuées par le Pacte de stabilité et de croissance. Celui-ci prévoit que les États membres doivent à moyen terme avoir un budget en équilibre, voire en excédent. La question de la sécurité sociale, envisagée comme un coût dans le cadre de l'UEM, pourrait être à nouveau à l'ordre du jour dans différents États membres ou apparaître dans d'autres. C'est en tout cas ce qui ressort clairement des grandes orientations de politiques économiques adoptées en juillet 97. D'autre part, une fois dans l'Union monétaire, les risques de concurrence seront accrus, c'est du moins l'analyse que font les experts économiques, les banquiers centraux et les employeurs comme l'a constaté Verdun (1996). Ce n'est évidemment pas un hasard si le Fonds Monétaire International (FMI) a publié un document en février 1997 intitulé *Are Europe's Social Security Finances Compatible with EMU?* (Kopits, 1997). Selon l'auteur, du fait de la mondialisation et de l'UEM, « *adjustment in social security finances will have to be undertaken, primarily on the benefit side, a serious effort should be made to create room for reductions in social security contributions rates.* » (p.21).

En l'absence de système de solidarité européen, les systèmes nationaux seront responsables tout en étant limités dans leurs possibilités d'action. L'exemple finlandais montre également que de nouvelles pistes de réflexion commencent non seulement à être proposées mais surtout à être mises en place.

RÉFÉRENCES

ANTOONS, J. & POCHET, Ph. (1998) « L'impact de l'Union européenne sur la pauvreté et l'exclusion sociale à Bruxelles » in VRANKEN, J., VANHERCKE, B., CARTON, L. avec la participation de Gérard VAN MENXEL (eds) (1998) *20 ans CPAS. Vers une actualisation du projet de société,* Leuven, Acco.

ARCQ, E. (1997) « Les relations collectives du travail en Belgique », in OSE, *Vers un pacte social européen ?*, Working Paper No.16, Bruxelles, Observatoire social européen, pp.39-42.

ARCQ, E. & BLAISE, P. (1996) *Alternative pour une société plus solidaire*, Rapport pour le ministère de la Prévoyance sociale, Bruxelles, Ministère de la Prévoyance sociale.

BAKER, T., FITZGERALD J. & HONOHAN, G. (eds) (1996) *Economic Implications for Ireland of EMU,* Dublin, The Economic and Social Research Institute.

BEINE, M. (1998) *L'Union économique et monétaire européenne à la lumière de la théorie des zones monétaires optimales : une revue de la littérature.* Discussion Paper, Ministère de la Région wallonne, Service des Études et de la Statistique.

BLANCHARD, O. & KATZ, L. (1992) "Regional Evolutions", *Brookings Papers on Economic Activity* No.1.

BOYER, R. (1995) « D'une série de 'National Labour Standards' à un 'European Monetary Standard' ? », *Recherches économiques de Louvain*, Vol.59, Nos 1-2, pp.119-150.

BOYER, R. & DORE, R. (sous la dir.) (1995) *Les politiques de revenus en Europe*, Paris, La Découverte.

BRUNETTA, R. & TRONTI, L. (1995) "Italy: The Social Consequences of Economic and Monetary Union", *Labour*, Special issue, pp.149-201.

BUSCH, K. (1995) « L'UEM. Les dilemmes socio-économiques de l'intégration monétaire européenne », in OSE, *Union économique et monétaire et protection sociale*, Working Paper n°11, Bruxelles, Observatoire social européen, pp.51-62.

CALMFORS, L. (1993) "Centralisation of Wage Bargaining and Macroeconomic Performance – A Survey", *OCDE, Études économiques*, No.21, pp.161-91.

CALMFORS, L. & DRIFFILL, J. (1988) "Bargaining Structure, Corporatism and Macroeconomic Performance", *Economic Policy* No.6, pp.13-61.

CCE (1993) *Croissance, compétitivité, emploi. Les défis et les pistes pour entrer dans le 21e siècle. Livre blanc,* COM (93) 700 du 5 décembre 1993, Bruxelles, Commission des Communautés européennes.

CCE (1997) *Rapport économique annuel 1997, Croissance, emploi et convergence sur la voie de l'UEM*, COM (97) 27 du 12 février 1997, Bruxelles, Commission des Communautés européennes.

CCE (1998) *Croissance et emploi dans le cadre de stabilité de l'UEM*, Réflexions de politique économique en vue des grandes orientations de 1988, Bruxelles, Commission des Communautés européennes.

CONSEIL DE L'UNION EUROPÉENNE (1997a) *Règlement 1466/97 du Conseil du 7 juillet 1997 relatif au renforcement de la surveillance des positions budgétaires ainsi que de la surveillance et de la coordination des politiques économiques,* JO L209 du 2 août 1997.

CONSEIL DE L'UNION EUROPÉENNE (1997b) *Règlement 1467/97 du Conseil du 7 juillet 1997 visant à accélérer et à clarifier la mise en œuvre de la procédure concernant les déficits excessifs*, JO L209 du 2 août 1997.

CONSEIL DE L'UNION EUROPÉENNE (1997c) *Recommandation du Conseil du 7 juillet 1997 concernant les grandes orientations des politiques économiques des États membres et de la Communauté,* JO L209 du 2 août 1997.

CONSEIL EUROPÉEN (1997a) *Résolution du Conseil européen sur la croissance et l'emploi,* Amsterdam, 16 juin 1997, JO C236 du 2 août 1997.

CONSEIL EUROPÉEN (1997b) *Résolution du Conseil européen relative au Pacte de stabilité et de croissance*, Amsterdam, 17 juin 1997, JO C236 du 2 août 1997.

CONSELHO ECONOMICO E SOCIAL (1997) *Accord de concertation stratégique 1996/1999*, Série « Estudos e documentos », Lisbonne, 164 p.

CREDITANSTALT (1993) "Facts and Figures on Austria's Economy", Vienne, *CA Quarterly,* IV/93.

CROUCH, C. (1996) "Revised Diversity: From the Neo-liberal Decade to beyond Maastricht", in VAN RUYSSEVELDT, J. & VISSER, J. (eds) (1996), *Industrial Relations in Europe: Traditions and Transitions*, London, Sage, pp.358-375.

DEGAVRE, F. (1997) « Emploi : le modèle hollandais mis en perspective », *Démocratie* n°15, Bruxelles, Mouvement ouvrier chrétien.

DEGRYSE, C. (1997), « UEM et sécurité sociale : survol des débats nationaux » *UEMinfo* n°1, août 1997, pp.7-9.

DE VILLE, Ph. (1996) « Une vue d'ensemble » in JACOBI, O. & POCHET, Ph. (eds) (1996), *Union économique et monétaire et négociations collectives*, Working paper n°14, Bruxelles, Observatoire social européen.

DOCK, Th. (1996) *Vers de nouvelles formes de concertation sociale en Belgique comme préparation à l'Union économique et monétaire*, Rapport de stage au Centre européen des relations industrielles, Florence, mimeo, 24 p.

DORNELAS, A. (1997) « Des pactes sociaux limités », in OSE, *Vers un pacte social européen ?*, Working Paper n°16, Bruxelles, Observatoire social européen, pp.31-35.

DORRE, K.(1996) « La fin du pacte de croissance en Allemagne : La crise du modèle de production et ses incidences sur les relations industrielles », *Travail et emploi*, n°67, pp.5-21.

DUVAL, G. (1998) « 35 heures : le succès se jouera dans les entreprises », *Alternatives Économiques* n°157, mars, pp.20-23.

EUROPEAN MONETARY INSTITUTE (1997) *Annual Report 1996*, Frankfurt, 130 p.

FAJERTAG, G. (ed.) (1997) *Collective Bargaining in Western Europe, 1996-1997,* Bruxelles, European Trade Union Institute, 450 p.

FAJERTAG, G. & POCHET, Ph. (eds) (1997) *Social Pacts in Europe*, Institut syndical européen et Observatoire social européen, Bruxelles.

FÉDÉRATION EUROPÉENNE DES MÉTALLURGISTES (1996) *Négociations collectives dans une Europe sans frontières*, Bruxelles, 129 p.

FRANCQ, B. *et al.* (1997) *Concertations et négociations sur l'emploi et le travail : Analyse de la situation récente des 15 États membres de l'Union européenne*, Recherche menée pour la DG V de la Commission, Bruxelles.

FREYSSINET, J. (1995) « Emploi et chômage : peu de résultats, beaucoup de rapports », *La Revue de l'Ires*, n°18, pp.1-31.

FROHLICH, H.-P. (1997) *Wage Behaviour and the Sustainability of EMU*, Bonn, Institut der deutschen Wirtschaft, mimeo.

GAVE, F. (1996) « Le modèle économique allemand est-il en crise ? », *Les études du CERI,* n°19, 42 p.

GOETSCHY, J. (1983) « Néo-corporatisme et relations professionnelles dans divers pays européens », *Revue française des affaires sociales*, avril-juin.

GOETSCHY, J. (1993) « Les relations professionnelles en Europe durant les années 1990 : convergences ou diversification accrues », *Droit social*, n°12, pp.993-998.

GONZALEZ CALVET, J. (1996) « Le cas de l'Espagne », in JACOBI, O. & POCHET, Ph. (eds) (1996), *Union économique et monétaire et négociations collectives*, Working paper n°14, Bruxelles, Observatoire social européen, pp.99-115.

GONZALEZ, A. & POCHET, Ph. (1995) « L'Espagne : un conflit de modèle », in POCHET, Ph. (ed.), *Pactes sociaux : quels enjeux nationaux et européens ?*, Bruxelles, Éditions Vie Ouvrière, pp.34-49.

GROS, D. (1996) *Towards Economic and Monetary Union: Problems and Prospects*, Paper No.65, Bruxelles, Centre for European Policy Studies, 122 p.

HANDLER, H. & HOCHREITER, E. (1996) *The Austrian Economy in the Wake of Joining the EU*, Working Document No.103, Bruxelles, Centre for European Policy Studies.

HEYLEN, F. & VAN POEK, A. (1995) "National Labour Market Institutions and the European Economic and Monetary Integration Process", *Journal of Common Market Studies*, Vol.33, No.4, pp.573-595.

HOANG NGOE LIEM *et al.* (1997) *Lettre ouverte d'économistes européens aux chefs d'État et de gouvernement des quinze pays membres de l'UE*, Paris, Syros.

IDS (1996) *The Impact of the Internal Market on Pay and Collective Bargaining,* Report for the European Commission, DG V.

IRES (1994) « Les Pactes sociaux », *Chronique internationale,* n°30, 57 p.

JACOBI, O. & POCHET, Ph. (eds) (1996) *Union économique et monétaire et négociations collectives*, Working paper n°14, Bruxelles, Observatoire social européen.

JACQUEMIN, A. & SAPIR, A. (1995) *Is a European Hard Core Credible? A Statistical Analysis*, Discussion Paper Series, No.1242, Londres, Centre for European Policy Research.

KIANDER, J. (1996) "Finland" in FAJERTAG (1997) *Collective Bargaining in Western Europe, 1996-1997*, Bruxelles, European Trade Union Institute, pp.57-67.

KOPITS, G. (1997) *Are Europe's Social Security Finances Compatible with EMU?*, IMF Paper, Washington DC, International Monetary Fund.

LAMBERT (1997) « La sécurité sociale belge », *Année sociale*, 1996, Bruxelles, Université Libre de Bruxelles.

Le Soir (1997) 27 July 1997.

LIND, J. (1977) "EMU and Denmark", in FAJERTAG, G. & POCHET, Ph. (eds) (1997), *Social Pacts in Europe*, Bruxelles, Institut syndical européen et Observatoire social européen.

LIVRO BRANCO DA SEGURANÇA SOCIAL (1997) Versão Final, Comissão do Livro Branco da Segurança Social, Presidente : A. F. Correia De Campos, Dezembro, Lisboa.

LO (1996) *Wage Earners and EMU: a Report by the Economists of the Swedish Trade Union*, Stockholm.

MARTIN, A. (1997) « Pactes sociaux : distribuer le chômage ou atteindre le plein emploi ? », in OSE, *Vers un pacte social européen ?*, Working Paper n°15, Bruxelles, Observatoire social européen, pp.25-30.

MEULDERS, D. (1994) « Union monétaire et protection sociale : le cas de la Belgique » in OSE (1995), *Union économique et monétaire et protection sociale*, Working Paper n°11, Bruxelles, Observatoire social européen, pp.97-107.

MICHEL, E. (1995) « Régimes salariaux et monnaie unique », *Bulletin de l'Ires*, n°178.

MINISTERIO DEL TRABAJO (1997) *Veinte años de dialoguo social*, Madrid, Ministerio del Trabajo.

MINISTÈRE NATIONAL DE L'ÉCONOMIE (1997) *Confidence Pact between the Government and the Social Partners towards the Year 2000,* Athens, Ministère national de l'Économie.

MOLLE, W.T.M, VAN NES, P.J. & DE RUYTER VAN STEVENINCK, M.A. (1996) *UEM : effets sur l'emploi et outils de politiques*, document présenté à la conférence d'Amsterdam du 25-27 janvier, 91 p.

MUET, P-A. (1997) « Déficit de croissance et chômage : le coût de la non-participation », *Notre Europe*, Paris.

MUNDELL, R.A. (1961) "A Theory of Optimum Currency Areas", *American Economic Review*, Vol.51, pp.657-65.

Noe, C. (1998) "The Euro – Wages – Employment", Summary, *Transfer*, Vol.4, No.2, to be published.

OSE (1995) *Union économique et monétaire et protection sociale*, Working paper n°11, Bruxelles, Observatoire social européen, 125 p.

OSE (1997) *Union européenne et processus de convergence sociale,* Rapport complémentaire, Bruxelles, Observatoire social européen (2 volumes), miméo.

OSE (1998) « Union européenne et processus de convergence sociale », *Revue belge de sécurité sociale,* numéro spécial.

O'riordan, M. (1997) *Rapport UEM et Irlande,* Bruxelles, Observatoire social européen, miméo.

Pakaslahti, J. (1997) *L'UEM menace-t-elle les systèmes de sécurité sociale ?* Working Paper n°17, Bruxelles, Observatoire social européen, 61 p.

Pellissier, D. (1997) « Autriche : le Schilling fort », *Économie internationale*, n°68, 4e trimestre, pp.87-106.

Pekkarinen, J. (1996) "Finland and EMU", Communication présentée au colloque « Créer de l'emploi en Europe » organisé par la Hans-Böckler-Stiftung, Bruxelles, 8 p.

Peters, T. (1995) "European Monetary Union and Labour Markets: What to Expect", *International Labour Review*, Vol.134, No.3, pp.315-332.

Pochet, Ph. (ed.) (1995) *Pactes sociaux européens : quels enjeux nationaux et européens ?*, Bruxelles, Éditions Vie Ouvrière.

Pochet, Ph. (1998) « Les pactes sociaux en Europe dans les années 1990 », *Sociologie du travail*, février.

Rhodes, M. (1998) "Globalization, Employment and Social policy. A Survey", Brussels, Commission of the European Communities.

Soskice, D. (1997) *The Future Political Economy of EMU – Rethinking the Effects of Monetary Integration on Europe*, Berlin, miméo.

Streeck, W. (1995) "From Market Making to State Building? Reflections on the Political Economy of European Social Policy" in Leibfried, S. & Pierson, P. (eds), *European Social Policy, between Fragmentation and Integration*, Brookings institution, Washington DC.

Thygesen, N. (1996) "Should Budgetary Policies be Coordinated further in Economic and Monetary Union and is that Feasible?" in Banca Nazionale del Lavoro, *European Monetary Union: The Problems of the Transition to a Single Currency*, mars, numéro spécial, pp.5-31.

TOWARDS THE YEAR 2000 (1997) *Social Dialogue: Growth, Competitiveness, Employment, Confidence Pact between the Government and the Social Partners towards the Year 2000*, Athènes, 10 novembre 1997.

TRANSFERT (1996) *European Monetary and Collective Bargaining*, Vol.2, No.2.

TRAXLER F. (1997) "The Logic of Social Pacts" in FAJERTAG, G. & POCHET, Ph. (eds), *Social Pacts in Europe*, Bruxelles, Institut syndical européen et Observatoire social européen.

UEMInfo (1997) Lettre d'information, n°2, décembre, Bruxelles, Observatoire social européen.

UGT (1996), *Informe sobre las jornadas confederales sobre la Union monetaria,* Madrid, miméo.

UVALIC, M. (1990) *The PEPPER Report – Promotion of Employee Participation in Profits and Enterprise Results in the Member States of the European Community*, Florence, Institut Universitaire Européen.

VAN RUYSSEVELDT, J. & VISSER, J. (eds) (1996) *Industrial Relations in Europe: Traditions and transitions,* London, Sage, 444 p.

VERDUN, A. (1996) "An 'Asymetrical' Economic and Monetary Union in the EU: Perceptions of Monetary Autorithies and Social Partners", *Revue d'intégration européenne/Journal of European Integration*, XX, No.1, pp.60-81.

Notes

1 Il faut souligner que la convergence en matière d'inflation a été tout à fait remarquable et qu'en 1997, quatorze pays sur les quinze (l'exception étant la Grèce) ont une inflation entre 1,5 % et 3 %.

2 Les analyses de Calmfors et Driffill (1988) sur les impacts de la centralisation/décentralisation des négociations collectives sur les performances économiques ont contribué à structurer une réflexion syndicale (Peters, 1995). Dans le cas de la Belgique, elles ont même été théorisées et appliquées au pacte sur l'emploi (Michel, 1995 ; Dock, 1996).

3 Cf. les déclarations du vice-président de la Confindustria et président de la Fiat en 1996.

4 Cette étude existe également en français.

5 Celles-ci s'adressent à la Belgique, à l'Allemagne, à la France et à l'Italie pour les pays ayant un déficit supérieur à 3 % et aux Pays-Bas et à la Finlande pour les pays qui ont un déficit inférieur à 3 %.

LES PERSPECTIVES DE LA POLITIQUE SOCIALE EUROPÉENNE : QUELQUES RÉFLEXIONS

Patrick VENTURINI

Le texte qui suit est une version légèrement remaniée de l'intervention faite lors du Colloque sur les « Enjeux sociaux de l'Union économique et monétaire » (Bruxelles, 20 janvier 1998). Ce texte présente les vues personnelles de l'auteur et n'engage en rien la Commission européenne.

INTRODUCTION

La situation actuelle est paradoxale. Il existe un fort contraste au début de cette année 1998 entre un agenda de l'Union européenne particulièrement impressionnant et une relative indifférence des populations vis-à-vis du projet européen. Qu'on en juge : au tout début du mois de mai de cette année, un Conseil européen extraordinaire va prendre des décisions fondamentales concernant l'entrée dans la troisième phase de l'Union Économique et Monétaire (UEM). Avant cela, le 30 mars, seront ouvertes les conférences intergouvernementales avec six pays candidats à l'élargissement. De plus, suite au Conseil européen de Luxembourg de décembre 1997 (Conseil européen, 1997a) et dans le cadre de l'« Agenda 2000 » (CCE, 1997a), la Communauté va être amenée à prendre dans les prochains mois des décisions concernant le devenir des Fonds structurels et les perspectives financières à moyen terme (jusqu'à l'horizon 2006), sans oublier la réforme de la Politique Agricole Commune (PAC), tous ces dossiers étant à l'évidence liés. Enfin, l'année 1998 sera aussi celle de la ratification du traité d'Amsterdam.

Cet agenda vertigineux contraste fortement avec la morosité des opinions publiques, lesquelles semblent ne rien attendre – ou, pour certaines couches de populations, pire encore : tout craindre – des conséquences de la construction européenne dans le domaine social. Il est vrai que nous sommes dans des conditions difficiles. Pour ajouter au paradoxe, je dirais que ces conditions – marquées par le chômage, les inégalités croissantes et l'exclusion – perdurent alors que les conditions économiques sont dans l'ensemble très favorables, que l'on se réfère aux perspectives de croissance, aux taux d'intérêt, au taux d'inflation ou à la balance commerciale de l'Union européenne.

Se répand donc le sentiment d'une Europe vieillissante et d'une attente faible des populations, des opinions publiques, par rapport au projet européen alors que ce projet lui-même, avec au premier rang la réalisation du Marché intérieur, a des effets concrets sur la vie quotidienne de chacun d'entre nous.

Cette désaffectation, ce retour de l'europessimisme sous une nouvelle forme doivent être combattus, et le débat sur la dimension sociale participe de cet effort. Toujours est-il que c'est dans le contexte global de l'intégration économique européenne, avec ses quatre composantes principales (achèvement du Marché intérieur, entrée dans la troisième phase de l'UEM, ouverture des négociations en vue du cinquième élargissement de l'Union, réforme des politiques structurelles), que doit être replacée la réflexion sur les perspectives de la politique sociale européenne. L'objectif de cette contribution est de soumettre quelques convictions et quelques hypothèses pour alimenter le débat et non de présenter un quelconque programme d'action.

La section 1 est consacrée aux principaux progrès atteints par le traité d'Amsterdam dans le domaine de la politique sociale. La section 2 identifie trois fonctions principales que devrait remplir la politique sociale européenne. La section 3 explique pourquoi les problèmes de protection sociale devraient être traités au niveau européen et examine plusieurs scénarios possibles sur la manière d'y parvenir. L'avenir du dialogue social européen est discuté dans la section 4. Les conclusions sont présentées à la section 5.

1. LE TRAITÉ D'AMSTERDAM : QUATRE AVANCÉES MAJEURES

Un mot d'abord sur les nouvelles conditions de départ introduites dans le traité d'Amsterdam, adopté politiquement en juin 1997 et signé le 2 octobre de la même année.

Le traité d'Amsterdam a consolidé et notablement renforcé le cadre institutionnel et les instruments de la politique sociale communautaire. Certains parlent même d'un nouvel équilibre... On peut contester cette dernière affirmation mais il demeure que les avancées réalisées dans le domaine social au terme de la conférence intergouvernementale sont remarquables. Cela d'autant plus qu'au démarrage même de ce processus, en 1995, la dimension sociale était présentée comme un *non-starter*, c'est-à-dire un non-sujet, une question dont on ne devait pas débattre.

En fin de compte, la conférence a débouché sur quatre avancées majeures :

(1) Le titre sur l'emploi. Le Conseil européen d'Amsterdam, qui a décidé l'application immédiate, sans attendre la ratification du traité, de ces dispositions et le Sommet extraordinaire de Luxembourg (Conseil européen, 1997b), convoqué quelques mois plus tard à l'initiative de la France, ont jeté les bases d'une stratégie européenne en matière d'emploi. Ce qui est en jeu, c'est la reconnaissance que l'emploi est devenu un « sujet d'intérêt commun ». Il ne faut pas voir dans cette expression une formulation complaisante, mais la reconnaissance explicite par les chefs d'État et de gouvernement que la politique de l'emploi menée par un État membre, qu'elle soit remplie de succès ou bien qu'elle conduise à des échecs, n'est pas neutre vis-à-vis de la politique menée par un État voisin, tant il est vrai que nos économies sont très fortement intégrées.
La stratégie européenne pour l'emploi définie à Luxembourg en novembre 1997 propose un cadre d'action reposant sur des lignes directrices, assorti d'une méthode (l'élaboration des Plans Nationaux d'Action) et doté d'une procédure de suivi (le principe de surveillance multilatérale). Qui plus est, ces lignes directrices, qui feront l'objet d'une discussion au moins

annuelle au plus haut niveau – celui des chefs d'État et de gouvernement – sont articulées sur les grandes orientations de politique économique.
Ce processus en devenir peut être porteur d'un changement considérable dans la conduite des politiques de l'emploi dans les différents États membres. Couplé avec les politiques économiques, impliquant les partenaires sociaux, il peut être un facteur efficace de rééquilibrage et de conciliation des dimensions économique et sociale de la construction européenne.

(2) L'incorporation et le renforcement au passage de l'accord social de Maastricht (Union européenne, 1995). Il s'agit là bien plus que de la simple fin de l'*opting-out* décidé à Maastricht.

(3) L'égalité entre hommes et femmes.

(4) Les questions relatives à la non-discrimination.

Certes, certains étaient en droit d'espérer des résultats plus importants sur ces deux derniers points, et notamment en matière de droits fondamentaux et de dialogue civil. Mais au terme de ce balayage très rapide, un constat s'impose : la Communauté disposera après la ratification du traité des instruments nécessaires pour développer une politique sociale cohérente et efficace. Dès lors, la seule vraie question est : « Que faire ? ».

2. TROIS FONCTIONS PRINCIPALES POUR UNE POLITIQUE SOCIALE EUROPÉENNE

De façon schématique, trois fonctions principales – législation, allocation financière, animation – peuvent être distinguées pour la politique sociale européenne.

(1) D'abord, une fonction législative. Celle-ci répond au souci de supprimer les obstacles à la réalisation d'un espace sans frontières (la libre circulation des travailleurs, par exemple), à la préoccupation d'éviter des distorsions de concurrence (c'est, ne l'oublions pas, la légitimation première de l'action menée dans le domaine de l'égalité entre hommes et femmes en matière de rémunération ou encore de la santé et la sécurité sur le lieu de travail !). Enfin, elle répond à une préoccupation qui

emprunte au raisonnement économique mais traduit aussi un projet politique, consistant à jeter les bases d'un « socle » de droits sur la base de valeurs communes partagées et affirmées au niveau européen.

Si l'on développe un petit exercice prospectif, on peut s'attendre à ce que cette fonction ne connaisse pas un développement très important dans les prochaines années, et ce pour plusieurs raisons.

D'abord, tout simplement, parce que – quoi qu'en pensent ceux qui dénigrent l'Europe sociale – beaucoup a déjà été fait en la matière ! La priorité réside davantage dans la consolidation, dans la mise en œuvre effective du droit communautaire adopté jusqu'à présent, que dans la création d'un droit nouveau : le contrôle et l'assistance, notamment vis-à-vis des petites et moyennes entreprises, revêtiront une importance croissante. Deuxième élément explicatif : l'élargissement de l'Union européenne. L'élargissement va indubitablement conduire à un accroissement des écarts entre les standards sociaux des différents États membres. Dans ces conditions, la logique, par exemple, de « socle » de droits perdra de sa pertinence ou devra réapparaître sous une autre forme... Mais faire en sorte qu'une dimension sociale forte prévale au cours de ce processus apparaît à la fois comme une exigence, et un défi considérable. Troisième élément explicatif : dans la période actuelle, tous les États membres conduisent – certains en profondeur, d'autres plus superficiellement – une révision de leur droit du travail. Ce n'est pas au moment où ces travaux sont développés que le niveau européen sera porteur de toutes les réponses. Au contraire, l'Europe peut offrir un cadre prospectif de réflexion, d'analyse, et pourquoi pas d'action, particulièrement utile pour cette rénovation nécessaire des droits du travail.

(2) Deuxième fonction : l'allocation financière, principalement via les Fonds structurels. On le sait – et il s'agit d'un débat très important dans le cadre de l'UEM –, le budget de la Communauté restera dans les années à venir plafonné à 1,27 % du PIB communautaire. Cela aura une incidence forte sur l'évolution de l'ensemble de ces fonds, et donc du Fonds Social Européen

(FSE). Sans entrer en détail dans le commentaire sur la nouvelle réforme des politiques structurelles, on peut avancer que le principal défi que devra relever le nouveau FSE me paraît être le suivant : parviendra-t-on à sortir de l'ornière de la « simple » redistribution financière pour faire des interventions de ce fonds de véritables supports de la stratégie pour l'emploi, de véritables points d'appui pour les Plans Nationaux d'Action définis dans ce cadre ?

(3) La troisième fonction est celle que l'on peut – imparfaitement – appeler « fonction d'animation ». C'est en elle que paraît résider le futur de la politique sociale à moyen terme. Elle vise à faire du niveau européen un lieu d'impulsion de la réflexion et de catalyse du changement. Cela passe par le lancement de débats, la définition de cadres de réflexion et d'action, l'échange d'expériences, le *benchmarking*, (c'est-à-dire l'alignement sur le meilleur, l'« étalonnage ») – la promotion de l'innovation, etc.
Cette fonction d'animation a elle-même plusieurs degrés d'intensité et peut varier largement, selon les thèmes et les priorités, de la coopération « molle » à l'organisation de la convergence. On pourrait dire que la « convergence » des systèmes nationaux – d'emploi ou de protection sociale par exemple – participe de cette fonction d'animation, si l'on entend par là la convergence des objectifs et non des politiques et des systèmes eux-mêmes.

L'histoire de quarante ans d'intégration européenne nous montre qu'à chaque stade d'intégration économique a correspondu une nouvelle phase pour la dimension sociale. On peut d'ailleurs, sur le plan institutionnel, noter que l'Acte unique européen (1987), le traité de Maastricht (1992) comme celui d'Amsterdam (1997) ont, chacun, une composante sociale importante. Le passage à la monnaie unique va selon toute probabilité entraîner une très forte accélération de l'intégration économique et financière des économies des États membres participants. Quelle sera la dimension sociale nécessaire/souhaitable/acceptable correspondant à ce nouveau stade d'intégration ?

Dans cette optique, le débat ne consiste pas – comme trop de personnes ont tendance à le dire – à savoir s'il faut à l'avenir faire plus de législation ou pas de législation du tout au niveau européen : question obsolète s'il en est. Il consiste plutôt à savoir comment, compte tenu de l'évolution de l'intégration économique et des problèmes posés, compte tenu des options politiques retenues, quelle est la « gouvernance », la forme de régulation sociale (et donc le *policy mix* entre les trois fonctions) la mieux adaptée à la période, aux problèmes et aux attentes des acteurs économiques et sociaux et plus généralement des populations. Et bien sûr, cette régulation, cette gouvernance sociale dépend davantage maintenant, après l'incorporation du protocole social de Maastricht dans le traité, du rôle des différents acteurs, notamment les partenaires sociaux.

Quel sera à cet égard le rôle du niveau européen et comment ce dernier s'articulera-t-il – à la lumière des principes de subsidiarité et de proportionnalité définis par l'article 5 du traité – avec les autres niveaux plus décentralisés : national, régional ou local ? L'application du principe de subsidiarité n'est au demeurant pas un jeu à somme nulle, le transfert ou le maintien d'un pouvoir résultant de l'arbitrage entre deux niveaux d'administration rivaux. C'est quelque chose de beaucoup plus positif que cela : le comprendre nécessite de développer une approche basée sur la complémentarité et l'articulation des niveaux, dans le champ administratif, législatif comme dans le champ conventionnel.

Ces questions sont à la fois complexes et très ouvertes. Pour préciser ces commentaires abstraits, deux exemples, la protection sociale et le devenir du dialogue social, seront développés.

3. LE CAS DE LA PROTECTION SOCIALE AU NIVEAU EUROPÉEN

Un premier enjeu consiste à battre en brèche l'idée selon laquelle, au nom d'une subsidiarité mal comprise, moins on parlera de la protection sociale au niveau européen, mieux cela sera.

3.1 Justifications

Pourquoi faudrait-il traiter des questions de protection sociale au niveau européen ? Pour deux raisons essentielles.

D'abord, parce que le processus même de l'intégration économique européenne n'est pas neutre vis-à-vis du devenir des systèmes nationaux de protection sociale. Que ce soit sous l'angle de la libre circulation des travailleurs ou de la libre prestation transfrontalière de services financiers (par exemple, la libre adhésion, sur une base transfrontalière, à un fonds de pension complémentaire privé) ; que ce soit sous l'angle du droit de la concurrence (voir par exemple la fameuse question : les mutuelles sont-elles des entreprises comme les autres ?) ; que ce soit sous l'angle de l'évolution de l'offre de santé (allons-vous vers la constitution de groupes européens de cliniques privées ?) ou de l'arbitrage et des contradictions possibles entre politique industrielle/politique de recherche d'une part et politique sociale d'autre part (pensons par exemple aux médicaments) ; et bien sûr, *last but not least*, sous l'angle de l'UEM (critères de Maastricht).

Il y a là, à mon sens, une source de légitimité forte. Pour l'instant, ces questions de sécurité sociale sont aujourd'hui partiellement traitées – c'est à la fois normal et nécessaire – sous l'angle de l'application du droit de la concurrence ou de la réalisation du Marché intérieur. Elles seront abordées par le Conseil Ecofin dans le cadre de l'UEM. Il faut aussi développer une approche intégrée, globale et prospective sous l'angle social.

La deuxième source de légitimité découle du constat suivant : aussi différents soient-ils, par leur histoire, par leur architecture, par leur mode de financement, par le rôle que jouent les différents partenaires impliqués dans leur gestion, etc., ces systèmes nationaux de sécurité sociale sont confrontés à des problèmes similaires – impact de la démographie, maîtrise des dépenses de santé, efficacité du système par rapport à la politique de l'emploi, lutte contre l'exclusion, etc. Les États membres ont beaucoup à apprendre les uns des autres, face à des problèmes communs.

3.2 Scénarios possibles

Dans ce contexte, on peut envisager trois scénarios possibles pour l'appréhension des problèmes de protection sociale au niveau européen, encore une fois dans un esprit de « subsidiarité positive ».

Le premier scénario, c'est celui qui prévaut *grosso modo* à l'heure actuelle. Le traitement de la protection sociale aujourd'hui au niveau européen se résume dans l'expression : « la coordination des systèmes de sécurité sociale plus le débat ». « La coordination » (et non l'harmonisation) des systèmes nationaux, effective depuis près de trente ans, vise à assurer la libre circulation ; initialement celle des travailleurs, et maintenant celle des personnes. Remarquons en passant – problème important – que la conférence intergouvernementale n'a pas permis le passage à la majorité qualifiée s'agissant de l'ancien article 51 du traité qui concerne les questions relatives à la sécurité sociale des travailleurs migrants ; cette non-décision est porteuse de gros risques de paralysie à l'avenir.

Le « débat » est quant à lui principalement alimenté par deux communications présentées par la Commission respectivement en 1995 et 1997 (CCE, 1995 ; CCE, 1997b). Ces textes ont été bien reçus et constituent déjà un progrès parce qu'ils permettent l'implication des acteurs, parce qu'ils peuvent jouer ce rôle de catalyse évoqué précédemment et parce qu'ils peuvent conduire dans certains cas à une accélération de la réflexion, voire de l'action dans certains États membres. Nos amis portugais pourraient en témoigner puisqu'ils ont organisé dans ce cadre à l'automne 1996 une très intéressante conférence européenne sur le revenu minimum, qui a été le prélude à une initiative du gouvernement en la matière.

Le deuxième scénario est fondé sur la reconnaissance collective que les systèmes de protection sociale en Europe sont un pilier essentiel du modèle social européen, qu'il est certes nécessaire d'adapter mais qu'il importe de préserver et de promouvoir, notamment dans une perspective d'élargissement de l'Union européenne. Ce deuxième scénario viserait à définir un cadre commun d'analyse, de réflexion et d'action sur la base de la reconnaissance du fait que le devenir des systèmes de protection sociale est un « sujet d'intérêt commun » au sens précisé tout à l'heure s'agissant de l'emploi. Et l'on pourrait envisager qu'une coopération renforcée – une « stratégie européenne » – sur la base d'objectifs communs soit enclenchée avec des recommandations et un suivi assuré par surveillance multilatérale ; *grosso modo*, ce qui s'enclenche à l'heure actuelle en matière d'emploi.

Selon moi, il n'existe pas d'obstacle au titre du principe de subsidiarité à ce que la même démarche soit développée à propos de la protection sociale. Mentionnons aussi qu'en 1992, la Communauté avait adopté deux recommandations importantes : l'une portant sur la convergence des politiques de protection sociale, et une seconde relative au revenu minimum (Conseil de l'Union européenne, 1992a ; Conseil de l'Union européenne, 1992b). Donc, il y a déjà des antécédents sur ces questions.

Le troisième scénario réside dans la proclamation de valeurs et de droits fondamentaux qu'il convient de garantir au niveau européen. Il y a eu beaucoup de prises de position sur ces questions dans la période récente, notamment le Rapport des Sages présenté en 1996 (CCE, 1996). Ce type d'approche pourrait conduire à la définition et à la reconnaissance de droits fondamentaux au niveau européen et à des initiatives telles que par exemple des directives-cadres en matière de lutte contre l'exclusion. C'est ce que l'on pourrait appeler le scénario « esprit de la Charte de 1989 ».

Il convient d'insister toutefois sur le fait que ces trois scénarios se situent dans un *continuum* et non pas dans une rupture idéologique.

4. QUEL DEVENIR POUR LE DIALOGUE SOCIAL EUROPÉEN ?

Passons au second exemple, celui de la négociation collective au niveau européen. Incontestablement, le dialogue social européen est une réussite majeure. Il a notamment joué un rôle fondamental dans l'adhésion au projet d'intégration communautaire, dans le soutien à « l'objectif 1992 » : c'est un facteur de cohésion considérable.

Souvenons-nous des commentaires un peu sceptiques, pour dire le moins, d'il y a une dizaine d'années sur l'avenir de ce qui était alors le « Dialogue social de Val Duchesse ». Que l'on mesure le chemin parcouru en douze ans, de 1985 à 1997 : on est passé du stade d'un simple « dialogue » entre partenaires sociaux européens à la consécration dans le traité de leur rôle régulateur (on connaît l'acquis développé dans le cadre du Protocole social) avec, qui plus est, reconnaissance du primat de la voie conventionnelle sur la voie législative !

Peut-on se contenter de cet acquis ? Peut-on au contraire espérer que les partenaires sociaux seront à l'avenir les véritables acteurs, sinon les moteurs, de la modernisation et qu'ils pourront, tant au niveau macro- que méso- ou micro-économique, développer les politiques cohérentes et novatrices nécessaires ? Bref, pourra-t-on bientôt parler d'un système européen de relations industrielles ? Sans se prononcer sur la réponse qui nécessite une analyse, une enquête auprès des acteurs et un débat approfondi – toutes choses quasi inexistantes à ce jour – on pourrait dire que le dialogue social est confronté à trois défis : l'adaptation de ses structures à la lumière du traité d'Amsterdam, l'élargissement de l'Union européenne et l'UEM. Limitons-nous à ce dernier aspect.

Sur le plan économique, les principaux éléments du débat sont connus. Dans un régime de monnaie unique où la variable de change est par définition supprimée et où la variable budgétaire est fortement contrainte, faute d'une mobilité géographique du travail suffisante, les ajustements vont s'opérer principalement sur les variables fiscales et sociales, avec une dimension régionale très forte. Mais ce qui s'est passé au cours de la période récente dans le domaine fiscal est remarquable : les risques de dumping fiscal apparaissant de plus en plus importants, la question de la coordination des systèmes nationaux est devenue de plus en plus pressante, et le Conseil Ecofin du 1er décembre 1997 a fait un premier pas considérable dans cette direction (voir la contribution d'Angelo Cardani dans ce volume).

Faut-il déduire de tout cela que la variable sociale, principale variable d'ajustement, sera la seule gérée et négociée de façon exclusivement décentralisée ? Certes, en matière de salaire par exemple, il est absurde de penser que l'évolution sera la même dans tous les pays de la zone euro. En matière de prix, de productivité, des différences d'évolution perdureront ou apparaîtront entre États membres et entre régions. Mais faut-il pour autant penser que le niveau européen ne saurait en aucun cas être un niveau de régulation pertinent ? Des négociations-cadres européennes sont-elles totalement à exclure ? On sait qu'en matière d'emploi et de salaire, les ajustements doivent être gérés au niveau où s'exercent les contraintes les plus fortes. Il reste à montrer que ces contraintes principales pourront s'exercer dans certains cas au niveau européen, notamment non pas sur le plan interprofessionnel mais au niveau de la branche, du secteur d'activités, voire du groupe.

À ces éléments, on peut ajouter une hypothèse d'ordre psychologique. Certains avancent l'idée que la monnaie unique va induire des changements de comportement très importants, à la fois chez les consommateurs mais également chez les acteurs économiques et sociaux du fait que le sentiment d'appartenance, le désir de comparaison internationale seront développés sur des bases tout à fait différentes, bien plus lisibles. Prenons l'exemple des comités de groupe européens. Lorsque des représentants d'établissements, par exemple, de Parme, Anvers et Dortmund se retrouveront autour d'une même table dans un contexte de monnaie unique, peut-être les questions de comparaison salariale, de qualification, de classification professionnelle, etc. prendront-elles alors une tout autre dimension. Mais poser la question ce n'est pas, cette fois-ci, y répondre ! On peut aussi bien argumenter que la concurrence entre établissements au sein d'un même groupe s'en trouvera exacerbée.

Il faut aussi faire référence aux travaux menés notamment par Calmfors et Driffill (1988), et plus récemment par Traxler et Kittel (1997), sur les rapports entre niveaux de négociation et performance économique et également au très intéressant rapport publié conjointement par l'Observatoire social européen et l'Institut syndical européen sur les *Social Pacts in Europe* (Fajertag & Pochet, 1997), qui examine le degré d'internalisation de la perspective de l'UEM dans les accords collectifs conclus dans les différents États membres, et examine les conditions d'émergence d'un pacte social européen.

Centralisation *versus* décentralisation du niveau de négociations dans le contexte de l'UEM : le débat ne fait que commencer.

5. CONCLUSION : COMBLER UN DÉFICIT D'ANALYSE

Quelles conclusions tirer ? D'abord en déplorant le déficit d'analyses et de connaissances sur la dimension sociale de l'UEM. À la fin des années 80, la Commission avait produit un rapport sur la dimension sociale du Marché intérieur. Un exercice similaire pourrait être conduit aujourd'hui sur la dimension sociale de l'intégration économique, avec trois composantes majeures : le Marché intérieur (dont la réalisation sera accélérée grâce au plan spécial adopté par le Conseil européen d'Amsterdam), l'UEM et les perspectives de l'élargissement.

Deuxième point : la stratégie européenne pour l'emploi définie à Luxembourg en novembre 1997 offre un levier très important à l'ensemble de la politique sociale. Et, encore une fois, rien n'empêche que l'on vienne greffer sur ce levier un cadre d'action similaire sur les questions relatives à la protection sociale, sur la base par exemple des conclusions de la conférence conduite sous la présidence luxembourgeoise à Mondorf en octobre 1997 (Chassard, 1998).

Troisième point, en forme de suggestion d'axes de recherche : les concepts de convergence, d'articulation et de complémentarité devraient être approfondis.

Dernier point : se départir autant que possible d'une approche idéologique. Un regard rétrospectif montre que l'intégration sociale européenne a toujours été impulsée par deux moteurs. Un premier moteur a été allumé en permanence : le moteur économique. S'y ajoute un second, qui lui s'éteint de temps en temps : le moteur développé par le projet politique d'Union européenne.

L'intégration économique induit, au niveau européen, des besoins de régulation sociale. Deux bons exemples sont fournis par les directives – que l'on peut qualifier de « deuxième génération » – relatives l'une aux comités de groupes européens, la seconde au détachement des travailleurs sur base transfrontalière. La raison d'être de ces textes réside bien sûr dans le souci de progrès social, mais aussi, principalement, dans le besoin de régulation transnationale né lui-même de la multiplication des fusions-acquisitions transfrontalières et plus généralement de la réalisation du Marché intérieur. Ce premier moteur est donc allumé constamment. Pour reprendre l'expression de Jacques Delors, c'est celui de l'Europe de la nécessité et non l'Europe de l'idéal. Réfléchir au devenir de l'Europe sociale, c'est donc de ce point de vue repérer la régulation sociale rendue nécessaire par l'intégration économique. On aura compris que nous plaidons ici pour une analyse approfondie des conséquences sociales de cette intégration, et pour l'approche de la politique sociale en tant que facteur de performance économique.

RÉFÉRENCES

CALMFORS, L. & DRIFFILL, J. (1988) "Bargaining Structure, Corporatism and Macroeconomic Performance", *Economic Policy* No.6.

CCE (1995) Communication de la Commission. *L'avenir de la protection sociale. Cadre pour un débat européen*, COM (95) 466 du 31 octobre 1995, Bruxelles, Commission des Communautés européennes.

CCE (1996) *Pour une Europe des droits civiques et sociaux*, Rapport du Comité des Sages, Bruxelles, Commission des Communautés européennes.

CCE (1997a) *Agenda 2000. Pour une union plus forte et plus large*, COM (97) 2000 du 15 juillet 1997, Bruxelles, Commission des Communautés européennes.

CCE (1997b) Communication de la Commission. *Moderniser et améliorer la protection sociale dans l'Union européenne,* COM (97) 102 du 12 mars 1997, Bruxelles, Commission des Communautés européennes.

CHASSARD, Y. (1998) *Modernising and Improving Social Protection in Europe*, General Report, Conference in Mondorf, 10 and 12 November 1997, Paris, Bernard Brunhes International.

CONSEIL DE L'UNION EUROPÉENNE (1992a) *Recommandation du Conseil du 27 juillet 1992 relative à la convergence des objectifs et politiques de protection sociale,* JO L245 du 26 août 1992.

CONSEIL DE L'UNION EUROPÉENNE (1992b) *Recommandation du Conseil du 24 juin 1992 portant sur les critères communs relatifs à des ressources et prestations suffisantes dans les systèmes de protection sociale,* JO L245 du 26 août 1992.

CONSEIL EUROPÉEN (1997a) Conseil européen de Luxembourg, *Conclusions de la présidence*, Luxembourg, 12-13 décembre 1997.

CONSEIL EUROPÉEN (1997b) Réunion extraordinaire du Conseil européen sur l'Emploi, (Sommet sur l'emploi), *Conclusions de la Présidence*, Luxembourg, 20-21 novembre 1997.

FAJERTAG, G. & POCHET, P. (eds) (1997) *Social Pacts in Europe*, Bruxelles, Institut syndical européen et Observatoire social européen.

TRAXLER, F. & KITTEL, B. (1997) *The Bargaining System and Performance. A Comparison of 20 OECD Countries*, Paper presented at the Conference on "Economic Internationalization and Democracy", University of Vienna, Austria, 14-15 December 1997.

UNION EUROPÉENNE (1995) Le Protocole et l'Accord sur la politique sociale, Luxembourg, Office des publications de la Communauté européenne.

L'UNION MONÉTAIRE ET LE MARCHÉ UNIQUE : LES DÉFIS ET LES OPPORTUNITÉS

Angelo M. CARDANI

INTRODUCTION

L'Union Économique et Monétaire (UEM) sera bientôt achevée avec l'introduction de la monnaie unique. Loin d'être le point d'aboutissement, la date du 1er janvier 1999 sera le point de départ d'un nouveau défi pour l'Union européenne et ses États membres. La monnaie unique donnera, en fait, plus d'impulsion à l'intégration européenne, mais de cette manière, elle mettra nécessairement en évidence les barrières toujours existantes à un bon fonctionnement du *grand marché*, tandis que la concurrence accrue pourrait donner lieu à de nouvelles tentatives protectionnistes. C'est pourquoi une vigilance accrue à l'égard du Marché unique est nécessaire, puisqu'il s'agit à la fois d'une politique centrée sur le Marché unique et d'une politique nécessaire à la viabilité de l'UEM. Dans ce contexte, la politique fiscale joue un grand rôle. Après une longue période d'immobilisme, la coordination des politiques fiscales a été relancée. La décision du Conseil ECOFIN du 1er décembre 1997 est un premier pas et un signe clair du changement du climat politique par rapport à l'impasse précédente.

1. LES EFFETS DE L'EURO

La conséquence première et immédiate de l'introduction de la monnaie unique sera une plus grande transparence du système des prix, avec un accroissement significatif de l'ensemble de l'information pour les consommateurs. Un tel effet entraînera à son tour diverses conséquences touchant principalement les pays participants *(« ins »)* mais affectant aussi en grande partie les pays non participants *(« pré-ins »)*.

1.1 Les marchés financiers

Les conséquences immédiates se concrétiseront en ce qui concerne les marchés des capitaux. Ceux-ci, aujourd'hui définis comme des marchés complètement libéralisés, seront brusquement dénommés dans une monnaie unique. Les opportunités financières, à la fois en termes de demande et d'offre de fonds, seront saisies à un niveau plus étendu et à un moindre coût. À un niveau plus étendu dans la mesure où, non seulement les opérateurs spécialisés pourront évaluer les différentiels de revenus offerts sur le marché européen élargi, mais également où le marché deviendra accessible à un plus grand nombre d'opérateurs, et à long terme tendra à atteindre l'ensemble des agents économiques, des entreprises et des ménages. Le coût sera diminué par l'absence du coût du taux de change et du risque de change. On quantifie d'habitude ce dernier par la prime du risque de change, alors qu'on ne tient pas compte généralement d'un autre élément significatif, à savoir le « coût psychologique » qui empêche souvent les opérateurs non spécialisés de faire des opérations en-dehors du Marché intérieur.

Les marchés nationaux seront liés entre eux par TARGET[1], se transformant d'un seul coup en un énorme marché continental, certes plus petit que le marché américain mais désormais du même ordre de grandeur. Le seul effet de s'affranchir de la réglementation prudentielle en vigueur qui limite plusieurs investisseurs institutionnels, tels que les fonds de retraite, aux frontières de la monnaie nationale produira une modification substantielle des positions nationales. De tels effets créeront un marché plus profond et plus liquide, dont le potentiel sera plus grand que la simple somme des éléments. Un marché moins cher et plus efficace sera à même de financer la croissance et le développement et aura des effets positifs sur le secteur réel de l'économie et sur l'emploi.

1.2 Les services et le marché des biens

La plus grande transparence des prix accroîtra la concurrence entre les entreprises, en augmentant les opportunités pour le consommateur final. La concurrence accrue implique des prix à la production inférieurs à la fois pour les biens de consommation intermédiaires et finaux. Une plus grande pression à la baisse sur les prix proviendra de la nécessaire révision des techniques de détermination des prix, actuellement pratiquées par les entreprises sur des marchés relativement segmentés.

Un autre élément à ne pas négliger est la pression de la concurrence qui s'exercera sur le marché du travail avec pour conséquence un accroissement de la flexibilité et de la compétitivité. C'est pourquoi on devrait assister à une transformation des caractéristiques structurelles du marché du travail. En même temps, l'accroissement de productivité dans un marché des produits plus flexible permettra une hausse des salaires réels sans une hausse corrélative des prix.

Ce processus doit s'accélérer : depuis son commencement, avec le Programme du Marché unique, il a entraîné un ralentissement de l'inflation dans l'Union de 1 à 1,5 points de pourcentage, une hausse du degré de convergence des prix et un chômage plus faible de l'ordre de 900 000 unités.

2. LE RÔLE CENTRAL DU MARCHÉ UNIQUE : OPPORTUNITÉS ET RISQUES

Les arguments ci-dessus soulignent le rôle central du Marché unique dans le processus d'établissement et de soutien de l'UEM. Le Marché unique est en fait le « E » du sigle UEM. Celui-ci est à la fois un instrument de régulation et un facteur de croissance, d'emploi et de stabilité. Par ailleurs, des pressions renouvelées naîtront sur le fonctionnement de ce dernier.

Le Marché unique est un facteur de croissance et d'emploi : la *Single Market Review* de 1996 (CCE, 1996a) – une série de presque quarante études faites par les principales institutions de recherche – a évalué les effets et le degré de mise en œuvre du Programme du Marché unique (l'ensemble des directives lancées par l'Union européenne pour établir le Marché unique). Le Plan d'action du Marché intérieur adopté par le Conseil en 1997 a identifié la voie à suivre, les actions à mettre en œuvre, les dates et les délais à respecter (CCE, 1997). Le *Single Market Scoreboard* fixe la méthode : surveillance permanente de la mise en œuvre du Programme du Marché unique et du Plan d'action du Marché unique.

Le Marché unique est un facteur de stabilité : nous devons maintenant examiner la viabilité à long terme de l'UEM. La centralisation de la politique monétaire canalisera plus de tension sur le comportement des marchés, et les perturbations sur les marchés se reporteront à leur tour sur la viabilité de la monnaie unique. Le fonctionnement du Marché unique implique une plus grande circulation des marchandises, des services, des personnes et des capitaux : sous peu, une économie intégrée, davantage similaire à celle des États-Unis qu'elle ne l'est maintenant. La *Single Market Review* de 1996 a suggéré également que les structures industrielles ont évolué dans une direction plus homogène. Cette plus grande homogénéité des industries et des marchés européens implique que les économies européennes ont une plus grande chance de réagir en parallèle aux perturbations économiques, par conséquent de permettre à une politique monétaire homogène de mieux contrôler la situation.

Le Marché unique est aussi un instrument de politique : les politiques économiques réelles – y compris en particulier la politique de l'emploi – sont une prérogative des États membres, et devraient le rester. Leur capacité de corriger les chocs négatifs sera amplifiée lorsque le fonctionnement du Marché unique s'améliorera. Cela implique qu'un Marché unique qui fonctionne bien soit, en fait, un élément vital de la coordination de la politique ou du moins, un élément qui facilite la coordination. Le rôle de l'UE est donc de créer les conditions générales pour les interventions des États membres en matière de politique de subsidiarité, et le Marché unique y a un rôle central à jouer.

De l'introduction de la monnaie unique, nous pourrions nous attendre à deux sortes de pressions qui s'exerceront sur le Marché unique.

Rappelons que le Marché unique représente le « E » dans l'UEM : il s'agit d'une abréviation pour souligner que le Marché unique représente le fonctionnement et l'efficacité du secteur réel de l'économie, en particulier des marchés des produits et des services. Afin que ces résultats suivent le reste de l'UEM, ils doivent pouvoir fonctionner sans barrières, obstacles ni entraves. Une fois que la politique monétaire sera centralisée, les États membres se retrouveront avec une politique budgétaire dont la latitude sera limitée par le Pacte de stabilité et de croissance (Conseil européen, 1997a et b ; Conseil de l'Union européenne, 1997a et b) : il est clair que dans de telles circonstances, la politique budgétaire a besoin d'opérer dans le cadre du meilleur fonctionnement possible des marchés si on lui demande de corriger les déséquilibres cycliques et les chocs asymétriques. Une plus grande prise de conscience de cet aspect constituera probablement un élément supplémentaire de pression politique pour une mise en œuvre dans les temps du Plan d'action du Marché unique souscrit lors du Conseil d'Amsterdam et qui énumère toutes les mesures à accomplir pour éliminer les obstacles restants avant la date convenue du 1er janvier 1999 (Conseil européen, 1997c).

Les mêmes arguments suggèrent une observation plus inquiétante. La pression sur le Marché unique s'accroîtra probablement. Avant que les modifications structurelles toujours demandées n'aient eu le temps de produire leurs effets, une plus grande pression concurrentielle frappera les entreprises et les secteurs des différents États membres. Face à cela une réaction possible serait une demande politique accrue de protection. Une telle demande, facilement présentée comme un besoin temporaire, signifierait une recrudescence menaçante du protectionnisme qui se traduirait par des pratiques anticoncurrentielles, par des tentatives pour obtenir des aides d'État, et en général par des entraves au bon fonctionnement du Marché unique qui ne résoudraient pas, mais aggraveraient en réalité la viabilité de l'UEM.

Pour les raisons ci-dessus, la politique du Marché unique aura un plus grand rôle à jouer après le 1er janvier 1999. Ce rôle a été mis en lumière dans les conclusions du Conseil du Luxembourg qui a souligné les besoins de :

(1) la surveillance étroite des développements macroéconomiques dans les États membres afin d'assurer la convergence

soutenue, ainsi que l'évolution du taux de change de l'euro ;

(2) la surveillance des situations et des politiques budgétaires, conformément au traité et au Pacte de stabilité et de croissance ;

(3) la surveillance des politiques structurelles menées par les États membres sur les marchés du travail, des produits et des services, ainsi que des tendances de coûts et de prix, notamment dans la mesure où elles pèsent sur les possibilités d'obtenir une croissance ;

(4) l'encouragement de réformes fiscales de nature à améliorer l'efficacité et des mesures dissuasives à l'encontre d'une concurrence fiscale préjudiciable (Conseil européen, 1997d).

La Commission devra répondre à cet appel en développant une vigilance accrue par rapport au fonctionnement du Marché unique par une série d'instruments déjà existants, à améliorer, et en développant d'autres instruments si nécessaire. Évidemment, le débat au niveau approprié doit être nourri sur la base d'une information saine et cela ne peut provenir que des rapports réguliers qui lui seront faits sur les développements de ces éléments et indicateurs structurels qui fourniraient une image claire des variables nominales et réelles adéquates.

3. LES PRIORITÉS POUR LA POLITIQUE FISCALE DANS L'UNION EUROPÉENNE

Jusqu'en décembre dernier, très peu de progrès ont été accomplis en termes de convergence des politiques fiscales nationales, un résultat lié aux difficultés institutionnelles que pose l'exigence de l'unanimité.

Cette absence de progrès s'explique aussi par l'approche au coup par coup qui a empêché l'attention de se porter sur les problèmes plus larges. Dans le passé, les problèmes particuliers ont été considérés isolément. C'est pourquoi il s'agit maintenant de prendre du recul et de considérer les politiques fiscales à la lumière des objectifs européens communs, tels que les défis pour stabiliser les recettes fiscales des États membres exposés à la concurrence fiscale ; pour promouvoir l'emploi ; le bon fonctionnement du Marché unique ; la création d'un environnement fiscal qui stimule l'entreprise ; et la promotion d'une politique environnementale plus efficace. Cela ne peut se réaliser qu'en adoptant une vue globale des problèmes de fiscalité. Dans ce cadre, s'accorder sur des objectifs communs et arriver à des résultats pratiques est un grand pas en avant.

Des signes montrent que les affaires fiscales commencent à être dans l'ensemble au premier plan de nos soucis. Il y a eu le débat des ministres sur les résultats du Comité Ruding sur la fiscalité des entreprises (Ruding, 1992). Le Livre blanc de Delors a clairement indiqué la nécessité de transférer la charge fiscale du travail vers d'autres sources afin de combattre le chômage. Et plus récemment, les États membres se sont montrés préoccupés par les conséquences de la concurrence fiscale accrue (CCE, 1993).

Une nouvelle approche globale a été lancée par les ministres de l'Économie et des Finances à Vérone en avril 1996 (Conseil de l'Union européenne, 1996), suite à un document de réflexion de la Commission. Un groupe de représentants de haute instance des États membres a fait avancer la discussion en 1996, un autre rapport (CCE, 1996b) a été remarqué par le Conseil ECOFIN et le Conseil européen de Dublin (Conseil européen, 1996), et le travail a ensuite été poursuivi par le Groupe de politique fiscale. Ce groupe a décidé d'examiner, comme premier élément d'une approche globale, le domaine où les problèmes sont le plus en évidence, c'est-à-dire la concurrence fiscale.

Les recommandations de la Commission sur les Grandes orientations des politiques économiques des États membres et de la Communauté (CCE, 1996c) mentionnent qu'une réduction de la charge fiscale globale est souhaitable dans la plupart des États membres, pour autant que le déficit budgétaire connaisse une tendance à la baisse. Entre-temps, cependant, les États membres pourraient bien gagner d'un élargissement de l'assiette de l'impôt, tout en la réduisant de manière à restructurer la structure fiscale au profit du travail, en particulier pour des bas salaires. Cette recommandation est conforme aux principes exposés dans le Pacte de confiance (CCE, 1996d).

3.1 La concurrence fiscale

La concurrence loyale est un élément clé du Marché unique, tandis que la concurrence déloyale dans le domaine fiscal est un sujet d'inquiétude en raison de ses effets potentiels négatifs, tout particulièrement sur les recettes fiscales des États membres, sur l'allocation efficace des ressources économiques au sein de l'UE, et sur la compétitivité et l'emploi.

Il n'est pas encore prouvé que l'érosion fiscale affecte le niveau total des recettes fiscales et des revenus de la sécurité sociale. Cependant, tandis que la fiscalité du travail augmente, la fiscalité d'autres facteurs de production a tendance à diminuer. Durant la période 1981-1995, le taux implicite de l'impôt sur le travail s'est accru de 34,9 % à 42,1 %, alors que sur les autres facteurs de production – le capital en particulier – il est tombé de 45,5 % à 34,4 % (voir graphique 1). Cette évolution peut suggérer que les États membres ont en partie réagi à la menace de dégradation fiscale en transférant la charge fiscale. Il y a eu un accord général sur la nécessité de mettre fin à une relative surimposition du travail, afin de promouvoir l'emploi dans l'UE.

Graphique 1

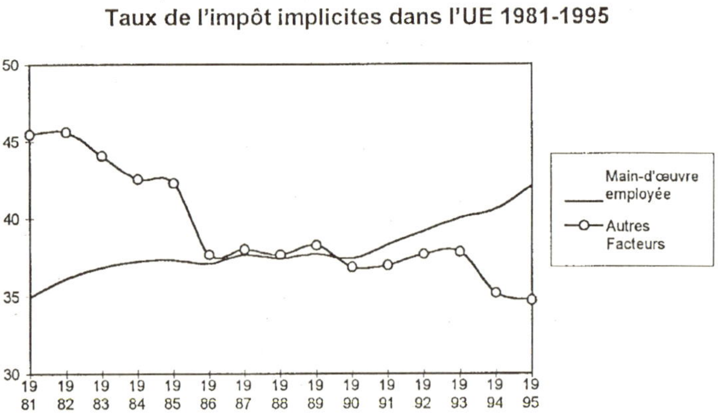

Source: CEC, 1996b.

Il est clair que le renversement de cette tendance devrait être la priorité. Mais afin d'éviter l'accroissement des déficits budgétaires, les États membres ont subordonné la restructuration fiscale à la nécessité de financer les coûts nets de réduction de la fiscalité du travail, soit par des sources de revenus alternatives soit par des réductions des dépenses.

Le renversement de la tendance à l'accroissement de la charge fiscale du travail pourrait, dans une certaine mesure, être autofinancé par la hausse des recettes fiscales et la réduction des paiements pour les allocations de chômage. Toutefois, afin d'éviter l'augmentation des déficits budgétaires et de parvenir à des finances publiques saines, il faut trouver d'autres solutions telles que les réductions des dépenses publiques, les impôts sur la consommation et les impôts sur d'autres facteurs de production.

(1) Les réductions des dépenses publiques peuvent contribuer au renversement de la tendance mais il est peu probable qu'elles seules suffisent à financer une réduction de taxes. La protection sociale constitue, en général, la plus grande partie des dépenses. Il faudrait analyser d'autres moyens de financer la protection sociale. Il ne devrait pas y avoir de doute, cependant, sur le fait qu'un niveau élevé de protection sociale tout comme un niveau élevé d'emploi sont deux des tâches les plus importantes de la Communauté, comme cela est énoncé dans l'article 2 du traité.

(2) Les impôts sur la consommation (TVA, accises, énergie et environnement) s'élevaient à environ 11 % du PIB pour l'UE dans son ensemble en 1994. Utiliser la TVA comme compensation budgétaire doit être vu, à long terme, en relation avec les propositions à venir de la Commission sur un système de TVA commun à tous les États membres. Un des principaux avantages des taxes sur l'énergie et l'environnement est d'inciter à adopter un comportement plus respectueux de l'environnement.

(3) Les impôts sur d'autres facteurs de production (taxes sur le capital, l'énergie et l'environnement) s'élevaient à quelque 7 % du PIB pour l'Union européenne dans son ensemble en

1994. Les possibilités à prendre en compte sont : d'une part, la taxation des flux (produits énergétiques, revenu du capital, revenu des entreprises, etc.) et d'autre part, la taxation des stocks (terre, bâtiments, biens de production selon leur nocivité pour l'environnement, etc.).

3.2 L'imposition du capital

L'imposition du capital, en particulier, a obtenu une autre forme de dégrèvement depuis le processus de mise en œuvre du traité de Maastricht. On a réduit l'extraction cachée des ressources par le secteur public du secteur privé par deux instruments que l'on utilisait auparavant assez largement : l'inflation et les contraintes financières.

Le traité de Maastricht est assez exigeant en termes de limites aux taux d'inflation. Il réduit de façon permanente la possibilité pour les gouvernements d'extraire la « taxe sur l'inflation » du secteur privé. Le traité est aussi tout à fait clair quant à l'interdiction de toutes sortes d'accès privilégiés des intermédiaires financiers au secteur public. Par exemple, il interdit toutes formes de contraintes de portefeuille en faveur des titres d'État. Et, bien sûr, il interdit toutes sortes de restrictions sur les mouvements de capitaux internationaux. Ces contraintes financières ont été largement utilisées dans le passé dans de nombreux pays européens, et elles ont fourni un énorme montant de recettes fiscales cachées pour les gouvernements. On a estimé que plusieurs points de pourcentage de PIB ont été extraits par l'inflation et les contraintes de portefeuille dans certains pays européens.

Un renversement des tendances dans la structure de la fiscalité aurait un impact sur l'emploi seulement à moyen et long terme. Pour obtenir des résultats positifs à court terme, les réductions d'impôts sur le travail pourraient être dirigées vers certains groupes ou liées à la création nette et réelle d'emplois.

La mobilité de la main-d'œuvre dans l'Union européenne est sans aucun doute inférieure à la mobilité du capital : la globalisation et l'intégration accrue des marchés financiers ont fait beaucoup pour encourager la mobilité internationale des activités, en particulier dans le secteur financier. Tandis que cette libéralisation a amélioré l'efficacité de l'allocation des ressources, elle a également élargi le champ de la planification fiscale et ainsi permis d'éroder l'assiette de l'impôt dans beaucoup de pays dans le monde. Dans le futur proche, cette mobilité du capital sera davantage facilitée par l'Union économique et monétaire en raison de l'introduction de la monnaie unique. Il s'en suivra par conséquent, une intensification de la concurrence fiscale, un accroissement des distorsions au sein du Marché unique ainsi qu'une allocation des ressources économiques de moins en moins efficace.

Même les taxes sur la consommation qui sont harmonisées dans une plus grande mesure que les impôts directs, ne sont pas à l'abri du risque de la dégradation fiscale. La TVA est menacée en particulier par le nombre croissant des services internationaux qui utilisent les nouvelles technologies pour localiser les transactions imposables en-dehors du champ territorial du système de TVA. Les droits d'accises sont moins harmonisés que la TVA, et de sérieuses disparités réduisent considérablement la liberté d'action des États membres dans leur politique fiscale.

La plus grande menace se trouve dans le domaine des affaires et des capitaux mobiles internationaux. Les régimes fiscaux particuliers ou les dérogations se trouvent le plus souvent dans le domaine des services financiers internationaux, la gestion des groupes multinationaux, la gestion des sièges sociaux et de la trésorerie.

Ces aspects ont fait l'objet de discussions significatives, et sont à l'origine de la décision de décembre 1997, entre les États membres et la Commission au sein d'un groupe de haut niveau et au sein du groupe de politique fiscale.

3.3 L'imposition de la valeur ajoutée

Une stabilisation des recettes de la TVA pourrait aussi contribuer à atteindre les critères de convergence de Maastricht et à respecter les contraintes du Pacte de stabilité, dans la mesure où cet élément détermine la capacité des États membres à arriver à des finances publiques saines.

Le système actuel et complexe de TVA est, dans une certaine mesure, exploité par les commerçants et empêche un contrôle effectif, ce qui conduit à la dégradation fiscale et à l'érosion de l'assiette de l'impôt et donc à un manque de revenus nécessaires pour remplir les critères de convergence. Les États membres réagissent en augmentant leurs taux de TVA pour générer le même niveau de revenu sur une assiette fiscale plus petite, qui crée à son tour trop d'incitations au marché noir. Les preuves en sont la florissante évasion fiscale industrielle et le fait que plusieurs États membres se plaignent des fluctuations dans les revenus nationaux qui ne s'expliquent pas par des facteurs économiques ou des changements de l'assiette fiscale. Aussi, certains d'entre eux se plaignent du fait que la hausse des recettes de TVA ne soit pas parallèle à la hausse du PNB. La modernisation du système de TVA qui est le second pilier du programme de la Commission, a comme objectif de contrebalancer l'érosion des revenus de la TVA des États membres.

Nous savons tous que la TVA est un instrument de politique fiscale dans les mains des États membres qui sont principalement soucieux de ne pas perdre leur marge de manœuvre pour augmenter les recettes fiscales afin d'ajuster leur budget si nécessaire. Cependant, nous ne devrions pas exagérer le degré de souveraineté à la disposition des États membres. Avec l'abolition des contrôles aux frontières, l'isolement de la politique intérieure en matière de TVA a pris fin dans les États membres ; les règlements concernant la TVA des uns touchent les intérêts des autres. Tout d'abord, avec la libre circulation des marchandises, il y a maintenant plus de marge pour que les achats individuels transfrontaliers puissent profiter des différences de taux entre les États membres. Ensuite, sans les contrôles aux frontières, les États membres sont contraints de coordonner leurs efforts pour mieux contrôler et appliquer l'impôt. Soulignons à nouveau que le système actuel de TVA donne aux États membres l'illusion d'avoir conservé leur pleine souveraineté en déterminant leurs revenus et l'opération d'ensemble du système de TVA. En réalité, la complexité et la subjectivité du système, le fait qu'il ne convienne pas aux nouveaux défis économiques et aux divergences existantes concernant son application, ont un effet préjudiciable sur la compétitivité des affaires sans garantir aux États membres la certitude de pouvoir recevoir les revenus auxquels ils ont droit.

4. LE PAQUET FISCAL DU 1ER DÉCEMBRE 1997

Le 1er décembre 1997, nous avons assisté à une décision historique des ministres de l'Économie et des Finances (ECOFIN) : ils ont adopté à l'unanimité un paquet de mesures pour s'attaquer à la concurrence fiscale préjudiciable, dont un code de conduite, des éléments clés sur la fiscalité de l'épargne et un accord de principe sur la nécessité d'éliminer les retenues à la source sur les intérêts transfrontaliers et les paiements des redevances entre sociétés associées (Conseil de l'Union européenne, 1997c). La dernière fois que le Conseil ECOFIN a convenu à l'unanimité des mesures de fiscalité directe remonte à plus de sept ans, en juillet 1990, quand les directives mère-filiale et sur les fusions ont été adoptées, ainsi que la convention sur l'arbitrage.

La politique fiscale est donc un élément important de ce changement de politique : encore une fois, il n'est pas question d'harmoniser pour harmoniser. Il s'agit plutôt d'avoir un véritable Marché unique performant, et de coordonner les efforts dans cette direction. La Commission, de son côté, a mis en lumière les retombées négatives des politiques fiscales non coordonnées, en particulier sur le problème de l'emploi (voir *supra*).

Soyons clair sur le but du paquet fiscal de décembre 1997 : il s'agit d'un effort ciblé pour s'attaquer à la concurrence fiscale préjudiciable et éliminer certaines distorsions dans le Marché unique, il ne s'agit pas d'augmenter les impôts, ce qui pourrait nuire à la compétitivité internationale de l'Union, ni de commencer un processus d'harmonisation fiscale en bloc, ce qui serait incompatible avec le principe de subsidiarité.

4.1 Changement de climat et le succès du dialogue

La décision du Conseil du 1er décembre 1997 est sans aucun doute une réaction à l'Union économique et monétaire à venir et au besoin généralement perçu de faire arrêter l'érosion des recettes fiscales. L'euro apportera la transparence des prix transfrontaliers, des taux différentiels d'intérêt inférieurs et éliminera les risques et les coûts de change, et donc rendra les flux de capitaux transfrontaliers plus sensibles à la fiscalité. La concurrence fiscale préjudiciable peut contribuer à la distorsion de l'allocation des ressources productives dans toute l'UE et peut indirectement pénaliser l'emploi. C'est un sujet de grande préoccupation puisque les systèmes fiscaux sont devenus plus dépendants des assiettes fiscales moins mobiles, telles que la main-d'œuvre, en comparaison au capital. Une plus grande prise de conscience de ce résultat a modifié le contexte dans lequel les discussions ont été conduites.

De nombreux États membres ont demandé d'agir dans le domaine de la fiscalité, en particulier l'Allemagne, qui est très inquiète de la concurrence fiscale préjudiciable : d'une part, la position des entreprises est menacée par les régimes fiscaux spéciaux offerts par leurs concurrents situés dans d'autres États membres ; d'autre part, les États membres subissent des pertes considérables en matière de recettes fiscales, en raison du même phénomène.

L'UEM et l'érosion des recettes fiscales ont eu une forte influence sur la décision de décembre 1997, mais celle-ci résulte aussi du dialogue entre les États membres et la Commission qui se tenait depuis dix-huit mois, tout d'abord dans le Groupe de haute instance, et par la suite dans le Groupe de politique fiscale. Au cours de ces discussions, une atmosphère de confiance et de coopération s'est développée. Les nombreux contacts personnels dans ces groupes ont certainement aidé considérablement à construire un consensus que nous avons atteint en décembre 1997. Par ailleurs, depuis le Conseil ECOFIN informel à Vérone, une approche nouvelle et globale sur la fiscalité a été adoptée. L'idée était de ne plus examiner les propositions fiscales isolément, mais de considérer les problèmes fiscaux dans le contexte plus large des politiques de l'UE. Et enfin, un élément qui a certainement permis de faire avancer les choses, est l'adoption d'une approche au pas-à-pas, en cherchant tout d'abord à parvenir à un accord politique, avant d'essayer d'atteindre un accord sur les propositions législatives.

4.2 Le code de conduite

Le Conseil a convenu d'une résolution sur un code de conduite pour la fiscalité des entreprises (Conseil européen, 1997e). Il s'agit d'un accord politique et non d'un texte juridiquement contraignant, mais comme il a été adopté à l'unanimité par le Conseil, il peut en pratique être tout aussi important. C'est un signal très fort qui marque la détermination du Conseil à s'attaquer à la concurrence fiscale préjudiciable. La structure de la résolution se présente comme suit :

(1) La résolution donne une définition très précise et concrète des mesures potentiellement préjudiciables, à commencer par ces mesures fiscales qui donnent un niveau de fiscalité effectif considérablement inférieur, y compris la fiscalité zéro, à ceux qui s'appliquent généralement à l'État membre en question.

(2) La résolution fournit ensuite un processus de révision, et c'est ce processus qui déterminera quelles mesures potentiellement préjudiciables le sont en réalité, et ainsi demandent à être réduites ou couvertes par une clause d'arrêt. La révision sera faite par un groupe du Conseil, composé de hauts représentants des États membres et de la Commission, et le résultat en sera fait au Conseil. Ce sera au Conseil de considérer les rapports du Groupe, et de décider de les publier ou non, ce qui peut être considérer comme un processus très efficace. Ce sera à la présidence du Royaume-Uni d'établir le Groupe du Conseil et de commencer la révision.

(3) Un point capital est bien sûr le délai dans lequel les mesures préjudiciables devraient être réduites. Le code dit : « dès que possible, en tenant compte des discussions du Conseil à la suite du processus de révision ». Un certain nombre d'États membres ont néanmoins essayé d'atténuer l'impact du code sur leur situation nationale particulière, mais il a été convenu de mettre une limite générale de cinq ans en principe sur la période de réduction, puisque c'est ce qui a finalement été considéré comme étant dans l'intérêt de tous. Il faudrait noter dans ce contexte que le code contient aussi une clause d'arrêt, ce qui en soi est un grand pas en avant.

(4) La résolution énonce aussi très clairement l'engagement de la Commission par rapport aux règles sur les aides d'État des articles 92 à 94 du traité CE : la Commission publiera les grandes lignes sur l'application des règles sur les aides d'État, sur les mesures relatives à la fiscalité des entreprises à la mi-1998, et elle développera ces grandes lignes en coopération avec les États membres. Dans la résolution, la Commission

s'engage aussi à l'application rigoureuse de ces règles, en prenant en considération les effets négatifs de l'aide qui sont révélés lors du processus de révision.

Il est clair que le processus de révision par le groupe dans le cadre du code de conduite et l'application des règles sur les aides d'État par la Commission sont deux opérations séparées. D'autre part, on s'attend à ce qu'une synergie positive entre ces deux processus se développe. Le code ne peut toutefois modifier les dispositions du traité par rapport aux aides d'État, et la Commission n'a pas le pouvoir de renoncer à sa compétence exclusive sur cette question. Cependant, les nombreuses heures de négociation, aboutissant à l'adoption du code en décembre 1997, ont déjà eu un effet très positif en faisant davantage prendre conscience à la Commission du rôle particulier que les aides d'État jouent dans la concurrence fiscale. C'est en soi une réussite. On peut s'attendre à ce que les décisions futures de la Commission par rapport à l'aide d'État fiscale soient influencées par la discipline introduite par le code.

L'OCDE est en train de travailler aussi sur un rapport sur la concurrence fiscale préjudiciable, qui devrait inclure les grandes lignes sur les régimes fiscaux préférentiels préjudiciables. Bien qu'il y ait quelques différences entre le code de conduite de l'Union et les grandes lignes proposées par l'OCDE, ils semblent être globalement compatibles. Comme, idéalement, la concurrence fiscale préjudiciable devrait être abordée de manière la plus large possible géographiquement, les chances d'obtenir une solution satisfaisante au niveau de l'OCDE augmenteront beaucoup si les États membres de l'UE agissent d'une manière plus coordonnée.

4.3 Fiscalité de l'épargne

Une autre question urgente dans le domaine de la fiscalité directe couverte par le paquet est la fiscalité de l'épargne. Le Conseil a demandé à la Commission de présenter une proposition de directive sur la fiscalité de l'épargne, pour garantir une fiscalité des revenus de l'épargne effective minimum dans la Communauté, et pour empêcher une distorsion de la concurrence indésirable. Il a également approuvé un certain nombre de points qui pourraient former la base de cette proposition.

La directive sera limitée au strict nécessaire, conformément au principe de subsidiarité. Elle ne couvrira, par exemple, que les intérêts payés dans un État membre aux personnes qui résident dans un autre État membre. Mais ce qui est plus important, c'est que là où de nombreuses tentatives précédentes ont échoué, les États membres ont convenu maintenant que, dans un premier temps, elle pourrait se baser sur le « modèle de coexistence ». Dans le modèle de coexistence, les États membres soit pratiqueront une retenue à la source, soit fourniront des informations sur les revenus de l'épargne aux autres États membres. L'idée de baser la directive sur le modèle de coexistence provient largement des propositions faites par la présidence allemande en 1994. Cela serait une solution acceptable à la fois pour les États membres qui ont un secret bancaire, tels que l'Allemagne, ainsi que pour les États membres qui comptent sur l'échange d'information.

Conformément à l'idée que cette solution ne serait qu'une première mesure, il a été dit également que la directive contiendrait une clause de révision, dans le but de déterminer dans quelle mesure davantage de progrès seraient concevables pour arriver à une fiscalité de l'épargne plus efficace.

Un autre point qui figurait déjà dans les propositions de 1994 est l'idée de prélever les retenues à la source au niveau de l'agent payant. En principe, ce concept semble être le meilleur pour traiter des opportunités de l'évasion fiscale. Il sera, cependant, raffiné pour le rendre plus efficace et pour éviter la double imposition.

4.4 Les intérêts et les redevances

Le Conseil a considéré aussi que la Commission devrait soumettre une proposition de directive sur les intérêts et les paiements des redevances entre les sociétés associées des différents États membres. C'est maintenant à la Commission de faire rapidement de nouvelles propositions pour les deux directives. La proposition sur les intérêts et les redevances a été présentée au Conseil ECOFIN du 9 mars 1998 (Conseil de l'Union européenne, 1998). Pour la proposition sur l'épargne, l'objectif de la Commission est de présenter la proposition au Conseil ECOFIN du 5 juin de la même année.

5. CONCLUSIONS

L'une des conclusions porte sur la persistance de l'approche globale, une approche où les mesures sont mises dans un même paquet, ce qui est positif puisque cela permettra de maintenir l'équilibre entre les différents intérêts des États membres. Cet aspect fera certainement l'objet d'un point particulier dans le rapport d'évaluation demandé à la Commission, sur les progrès portant sur le code de conduite ainsi que sur les développements de la fiscalité de l'épargne et des intérêts et des redevances. Le Conseil a demandé à la Commission de poursuivre son travail sur la fiscalité, en continuant à s'appuyer sur l'assistance du Groupe de politique fiscale. Celui-ci a démontré une excellente capacité de progresser, il continuera à être un laboratoire pour lancer de nouvelles idées et pour discuter sur de nouvelles propositions.

RÉFÉRENCES

CCE (1993) *Croissance, compétitivité, emploi. Les défis et les pistes pour entrer dans le 21e siècle. Livre blanc,* COM (93) 700 du 5 décembre 1993.

CCE (1996a) Commission Staff Working Paper, *The 1996 Single Market Review*, SEC (96) 2378 of 16 December 1996.

CCE (1996b) *La fiscalité dans l'Union européenne.* Rapport sur l'évolution des systèmes fiscaux, COM (96) 546 du 22 octobre 1996.

CCE (1996c) *Recommandation de la Commission concernant les grandes orientations des politiques économiques des États membres et de la Communauté,* COM (96) 211 du 15 mai 1996.

CCE (1996d) Communication de la Commission. *Pacte de confiance,* CES (96) 1 du 5 juin 1996.

CCE (1997) Communication de la Commission. *Projet de plan d'action pour le Marché unique,* COM (97) 184 du 6 mai 1997.

Conseil de l'Union européenne (1996) *Informal Meeting of Ministers for Economic Affairs and Finance in Verona*, 12-13 avril 1996.

Conseil de l'Union européenne (1997a) *Règlement 1466/97 du Conseil du 7 juillet 1997 relatif au renforcement de la surveillance des positions budgétaires ainsi que de la surveillance et de la coordination des politiques économiques,* JO L209 du 2 août 1997.

CONSEIL DE L'UNION EUROPÉENNE (1997b) *Règlement 1467/97 du Conseil du 7 juillet 1997 visant à accélérer et à clarifier la mise en œuvre de la procédure concernant les déficits excessifs,* JO L209 du 2 août 1997.

CONSEIL DE L'UNION EUROPÉENNE (1997c) *Conclusions du Conseil ECOFIN du 1er décembre 1997.*

CONSEIL DE L'UNION EUROPÉENNE (1998) *Proposition de directive du Conseil concernant un régime fiscal commun applicable aux paiements d'intérêts et de redevances effectués entre des sociétés associées d'États membres différents*, COM (98) 67 du 4 mars 1998.

CONSEIL EUROPÉEN (1996) Conseil européen de Dublin, *Conclusions de la Présidence*, Dublin, 13-14 décembre 1996.

CONSEIL EUROPÉEN (1997a) *Résolution du Conseil européen sur la croissance et l'emploi,* Amsterdam, 16 juin 1997, JO C236 du 2 août 1997.

CONSEIL EUROPÉEN (1997b) *Résolution du Conseil européen relative au Pacte de stabilité et de croissance,* Amsterdam, 17 juin 1997, JO C236 du 2 août 1997.

CONSEIL EUROPÉEN (1997c) Conseil européen d'Amsterdam, *Conclusions de la Présidence*, Amsterdam, 16-17 juin 1997.

CONSEIL EUROPÉEN (1997d) Conseil européen de Luxembourg, *Conclusions de la Présidence*, Luxembourg, 12-13 décembre 1997.

CONSEIL EUROPÉEN (1997e) *Résolution du Conseil et des représentants des gouvernements des États membres, réunis au sein du Conseil du 1er décembre 1997, sur un code de conduite dans le domaine de la fiscalité des entreprises,* JO C2 du 6 janvier 1998.

RUDING (1992) *Report of the Ruding Committee on Company Taxation*, 18 mars 1992, Bruxelles, Commission des Communautés européennes.

Note

1 TARGET : acronyme de « *Trans-European Automated Real-time Gross settlement Express Transfer* » (système européen de transfert express automatisé à règlement brut en temps réel) est le nom du système de paiement mis au point par l'Institut Monétaire Européen (IME) avec les banques centrales nationales, afin de permettre en toutes circonstances de transférer des fonds à la valeur du jour même entre des établissements de crédits situés dans différents États membres de la zone euro.

LES CRITÈRES DE CONVERGENCE POUR L'UEM ET LE FINANCEMENT DE LA SÉCURITÉ SOCIALE

Freddy WILLOCKX

INTRODUCTION

En plus de la concertation sociale, la sécurité sociale est l'une des pierres angulaires de ce que nous appelons le modèle social européen. Il s'agit ici de l'une des plus importantes réalisations de notre État-providence. La sécurité sociale constitue un point commun à tous les États membres de l'Union européenne. Cependant, l'organisation et le financement de ce modèle social diffèrent dans de grandes proportions. Chaque système a ses caractéristiques propres, ses points forts et ses points faibles.

Le vieillissement de la population, les nouveaux besoins de la société, le taux de chômage élevé sont des problèmes auxquels la sécurité sociale est confrontée dans chacun de nos pays. L'adaptation des systèmes sociaux à ces problèmes est une tâche importante. La discussion sur l'avenir de la sécurité sociale et l'urgente nécessité de moderniser les systèmes ne sauraient être dissociées de la poursuite de l'intégration européenne, et notamment la réalisation de l'Union économique et monétaire et l'achèvement du Marché intérieur.

Les conclusions que l'on peut tirer sur le système en vigueur dans un pays ne sont pas nécessairement la panacée pour l'ensemble des pays. C'est pourquoi nous devons faire preuve de prudence dans la discussion. La question doit s'énoncer comme suit : comment pouvons-nous améliorer notre modèle social performant, qui a été façonné et s'est développé au plan national, pour l'adapter à la nouvelle réalité économique et sociale de la mondialisation et des importants changements sociaux ? Comment pouvons-nous éviter l'antagonisme contre nature qui, dans nos priorités sociales, oppose l'emploi et la protection sociale ?

Cette contribution est structurée comme suit. La première section porte sur l'influence que les critères de l'UEM exercent sur le financement de la protection sociale dans nos pays. La deuxième section examine la relation entre la politique monétaire européenne unifiée et la nécessité de coordonner davantage la politique socio-économique, et plus particulièrement la politique de l'emploi. Ensuite la troisième section s'interroge sur les lignes de force d'une politique européenne de l'emploi et sur ce qui devrait être coordonné au plan européen. Nous ne saurions mettre le principe de subsidiarité sous le boisseau dans cette discussion : comment bien répartir les compétences dans l'Union européenne est l'objet de la quatrième section. Enfin, la cinquième et dernière section considère comment l'introduction de l'euro peut être un levier pour la réalisation d'une Europe plus démocratique. En effet, dans le cadre d'une politique monétaire unifiée, le besoin d'institutions plus efficaces se fait sentir.

1. LE FINANCEMENT DE LA SÉCURITÉ SOCIALE ET L'UNION MONÉTAIRE

Dans cette section, nous aborderons trois points : des finances publiques saines, le Pacte de stabilité et la fiscalité.

(1) Des finances publiques saines constituent la meilleure garantie d'un bon fonctionnement de la sécurité sociale. Dans ce sens, les critères de convergence économique ne doivent pas représenter un danger pour la capacité de financement de la protection sociale. Au contraire, ils peuvent aider les États membres à maintenir leurs budgets en équilibre, et, de la sorte, éviter des difficultés aux générations suivantes. Pour notre pays, la tension engendrée par les critères de convergence a peut-être été une bénédiction. Grâce à Maastricht, nous avons été contraints de mettre de l'ordre dans nos affaires internes.

En Belgique, nous constatons qu'au prix d'efforts considérables nous avons réussi à lancer le processus de résorption de la dette publique (les bons résultats enregistrés sur le plan du solde primaire inverseront maintenant l'« effet boule de neige ») sans que les principes de base de la sécurité sociale soient attaqués. C'est là un investissement dans la solidarité orienté vers l'avenir. La réforme du système des pensions et des soins de santé est à la base d'un système sain, dans lequel les principes de la solidarité entre les générations, d'une part, et de l'accès au plan financier des soins de santé, même pour les revenus les plus faibles, d'autre part, sont restés intacts.

(2) La nécessité de renforcer la convergence économique et de maintenir la politique budgétaire des États membres en équilibre et dans une situation saine subsistera, même après l'introduction de l'euro. Les pays qui accéderont à la troisième phase de l'Union monétaire devront respecter le Pacte de stabilité (Conseil de l'Union européenne, 1997a et b ; Conseil européen, 1997a et b). Ils doivent s'efforcer d'atteindre l'équilibre budgétaire. Le Pacte de stabilité prévoit de sanctionner l'État membre qui ne respecterait pas la norme des 3 %, dans une première phase en lui imposant un dépôt sans intérêt, qui sera converti en amende si la situation n'est pas assainie. Les dispositions du traité de Maastricht resteront applicables aux pays qui n'accéderont pas à la troisième phase de l'Union monétaire.

(3) L'assainissement des finances publiques doit cependant se faire dans l'équilibre, s'étendant à la fois aux dépenses et aux recettes. Faute d'accords européens en matière de fiscalité, cet équilibre risque d'être compromis. Du fait que les États membres, en raison notamment de la nécessité d'attirer des investissements pour créer de l'emploi, se trouvent en concurrence sur le plan de la fiscalité sur les facteurs mobiles, la pression fiscale sur le coût salarial augmente. Comme chacun est confronté à la nécessité d'abaisser le coût salarial, il faudra craindre alors une diminution des recettes publiques, avec toutes les conséquences qui en découleront. Dans l'Union européenne, la charge d'imposition implicite sur le travail salarié est passée en moyenne de 34,7 % à 40,5 % entre 1980 et 1994, alors que la pression pesant sur le capital, sur le travail indépendant et sur l'énergie est tombée de 44,1 % à 35,2 % (CCE, 1996 : 2, voir tableau dans la contribution d'Angelo Cardani). Cette tendance doit être inversée.

Si nous parvenons à maîtriser ce problème au plan européen, les États membres recevront un ballon d'oxygène pour financer leur politique de l'emploi et leur politique sociale. De récentes études indiquent d'ailleurs que la pression fiscale sur le capital est de 10 % supérieure aux États-Unis par rapport à la plupart des États membres de l'Union européenne.

Après dix ans, on a pu enfin noter un nouveau progrès dans la discussion sur la fiscalité au plan européen. Le Conseil des ministres de l'Économie et des Finances (Ecofin) a pu atteindre le 1er décembre 1997 un accord sur un code de conduite applicable à l'impôt des sociétés ainsi que sur les principes fondamentaux sur lesquels doit reposer une directive relative à la fiscalité sur l'épargne (Conseil de l'Union européenne, 1998). Dans la mesure où la concurrence dans ces domaines disparaît, il se crée dans les États membres un espace permettant la mise en œuvre d'une politique d'imposition caractérisée par une plus grande justice sociale, et réduisant également la pression pesant sur les coûts salariaux (pour une présentation plus détaillée voir ci-avant la contribution d'Angelo Cardani). En ma qualité de représentant belge du groupe qui a préparé les accords sous la présidence engagée et déterminée du Commissaire Monti, j'ajouterai un commentaire d'ordre politique. C'est la première fois qu'un accord de cette portée est réalisé au plan européen et qu'un certain nombre d'États membres renoncent à une petite partie de leurs tabous. Cet accord semble n'être qu'un petit pas pour chaque État membre à titre distinct, mais il marque en fait une étape importante pour l'Union européenne. On ne peut qu'espérer que la Commission européenne entretiendra cet élan.

En ce qui concerne l'éventuelle introduction d'un impôt européen sur la consommation d'énergie ou la pollution de l'environnement, aucun progrès par contre ne peut être enregistré. La proposition de Jacques Delors (CCE, 1993) selon laquelle les États membres devaient prévoir des revenus alternatifs pour la diminution des coûts salariaux, que chacun juge nécessaire, semble bien être définitivement mise au frigo au Conseil, en dépit d'une courageuse tentative de la Commission de maintenir ouverte la porte en vue d'un débat, par le biais de la proposition d'harmonisation des droits d'accises sur les sources d'énergie.

2. COORDINATION DE LA POLITIQUE SOCIO-ÉCONOMIQUE DE L'UNION

Cette section traitera de trois sujets : 1) la nécessité d'un *policy mix* approprié, 2) le Sommet de l'emploi de Luxembourg, et 3) l'allocation des ressources.

(1) Si nous souhaitons cueillir pour l'emploi les fruits du fonctionnement de l'Union monétaire, il faudra pousser beaucoup plus loin le panachage des politiques. La nécessité de maîtriser l'inflation et le besoin de créer de nouveaux emplois devront aller de pair. La politique monétaire doit pouvoir être menée dans une perspective économique plus large. Le traité de Maastricht prévoit déjà divers mécanismes de coordination économique. Le Pacte de stabilité permet d'affiner ces mécanismes et de les orienter vers l'emploi. Les États membres qui feront partie de l'euro devront présenter et exécuter leur programme de stabilité. La Commission européenne et le Conseil Ecofin exercent un contrôle sur l'exécution de ces programmes et le respect des lignes directrices sur le plan économique. La résolution relative à l'emploi et à la croissance, qui a été intégrée dans le Pacte de stabilité à la demande du gouvernement français, fait de l'emploi une priorité absolue lors de l'élaboration des lignes directrices en matière économique. Ce document indique que la politique économique et la politique sociale se renforcent mutuellement. Les systèmes de sécurité sociale devraient être modernisés afin d'en améliorer le fonctionnement et de contribuer ainsi à la compétitivité, à l'emploi et à la croissance, ce qui crée une base durable pour la cohésion sociale (Conseil européen, 1997a : 3). Les pays qui n'accéderont pas à la troisième phase de l'Union monétaire sont, eux aussi, tenus de respecter les lignes directrices sur le plan économique. Tout comme par le passé, ils sont tenus de présenter des programmes de convergence qui sont discutés par le Conseil Ecofin tandis que la Commission et le Conseil en contrôlent l'exécution.

(2) Au Sommet de Luxembourg du 13 décembre 1997, une nouvelle étape a été franchie dans le sens de l'amélioration de la coordination de la politique économique pour la troisième phase (Conseil européen, 1997c). Le Conseil Ecofin a reçu la mission de suivre de près les développements macro-économiques dans les États membres,

de superviser les mesures de politique structurelle des États membres en ce qui concerne le marché de l'emploi, le marché des biens et des services, les tendances en matière de coûts et de prix. En outre, les ministres Ecofin des pays adhérant à l'euro peuvent se réunir séparément avec la Commission et la Banque centrale européenne afin d'examiner les problèmes qui présentent un intérêt communautaire.

Même si le Conseil européen établit que la politique salariale et l'économie restent en première instance de la compétence des États membres, un petit pas vient d'être franchi dans le sens d'une instance politique capable d'esquisser une politique coordonnée pour l'Union européenne. Cela s'avérera nécessaire pour rétablir quelque peu l'équilibre avec les instances responsables de la politique monétaire, notamment la Banque centrale européenne. La réaction de l'Union européenne à la crise qui frappe les marchés du sud de l'Asie a d'ores et déjà valeur de test.

(3) Parallèlement, le financement de la politique européenne doit rester au cœur des préoccupations.

Le Sommet de Luxembourg sur l'emploi a en tout cas eu un résultat positif sur ce plan. Quelque 1 200 milliards de francs belges (30 milliards d'écus) seront injectés dans l'économie via la Banque Européenne d'Investissements (BEI) et le Fonds Européen d'Investissements (FEI). On peut s'attendre des différents gouvernements, y compris du gouvernement belge, qu'ils présentent des plans et projets au niveau européen dans leur domaine de compétence s'agissant de l'affectation des moyens qui sont alloués dans le budget européen par le biais de la BEI et du FEI.

Certains prônent l'extension du budget européen pour faire face à des besoins de cet ordre. Ce point de vue semble hautement irréaliste. Par contre, une nouvelle répartition des moyens entre les différentes politiques communautaires doit être négociée, notamment au travers d'une réduction des dépenses consacrées à l'agriculture et d'une lutte plus efficace contre la fraude budgétaire. Les propositions relatives au financement des efforts visant à promouvoir l'emploi par le biais des euro-obligations, figurant dans le Livre blanc *Croissance, compétitivité, emploi* de Jacques Delors, méritent elles aussi de retenir davantage l'attention.

En son article 103 A, le traité de Maastricht prévoit explicitement une sorte de plan d'urgence financier, un tampon en cas de difficultés économiques. Aux termes de cet article, le Conseil peut, sur proposition de la Commission, prêter une assistance financière à un État membre lorsque celui-ci est exposé à des difficultés résultant d'un événement exceptionnel que l'État membre n'est pas en mesure de maîtriser. La décision est prise à l'unanimité ; dans le cas de catastrophes naturelles, le Conseil peut décider à la majorité qualifiée. Il semble nécessaire que l'on réfléchisse à l'application de cet article et surtout à la base financière concernant l'utilisation qui en est faite.

3. UNE POLITIQUE EUROPÉENNE DE L'EMPLOI : PROTECTION SOCIALE ET EMPLOI

Trois aspects sont analysés : le lien entre emploi et protection sociale, la politique active du marché du travail, et enfin, la valeur ajoutée de la protection sociale.

(1) La politique de l'emploi ne peut être considérée de manière indépendante des politiques de protection sociale. L'emploi et la protection sociale sont indissolublement liés. Les travailleurs apportent leur contribution au financement de la sécurité sociale. Une bonne protection sociale, prenant en compte des besoins plus nombreux, permet par ailleurs aux travailleurs d'accepter plus facilement certaines adaptations structurelles du marché de l'emploi.

(2) Le Sommet de Luxembourg a formulé des objectifs clairs en matière de droit à la formation, tant pour les jeunes chômeurs que pour les chômeurs adultes (Conseil européen, 1997d). Chaque jeune doit se voir offrir un emploi, une expérience de travail ou une possibilité de formation avant qu'il ne compte six mois de chômage. Il en va de même pour tout chômeur adulte, le délai ne pouvant cette fois atteindre douze mois. Au moins 20 % des chômeurs doivent avoir la chance de suivre une formation. Il s'agit d'une première étape dans le passage d'une politique de l'emploi passive à une politique de l'emploi active qui doit recevoir un appui sans réserve. Cette nécessaire dynamisation ne doit cependant pas être utilisée pour ébranler l'efficacité de la sécurité sociale, et en particulier les régimes de chômage en tant que dispositif de protection contre la perte de revenus. La

première tâche du gouvernement, à tous les niveaux, mais aussi la première tâche des syndicats et des organisations patronales est à présent de voir de quelle manière ils peuvent offrir des possibilités de formation, une expérience de travail ou un emploi. Il doit s'agir à cet égard de formation ou d'expérience de travail offrant une perspective d'emploi, d'un travail au sens plein du terme et régulier, assorti d'une protection sociale. Aussi longtemps que ceci ne peut être garanti, le principe selon lequel les chômeurs seront contraints de participer à des programmes déterminés sous peine d'être sanctionnés par la réduction de leurs revenus en cas de refus de leur part, ne pourra être appliqué. En outre, la création d'emplois doit recevoir la priorité dans cette perspective également.

Le Sommet extraordinaire sur l'emploi constitue une première étape, encore insuffisante, pour en arriver à une politique de l'emploi européenne. Une première étape, parce que des mécanismes et des procédures sont élaborés pour une politique de l'emploi européenne. Une étape insuffisante, parce que son contenu et le lien entre le marché de l'emploi, la politique salariale et la sécurité sociale n'est pas suffisamment pris en compte.

(3) Notre dispositif de protection sociale a une importante valeur ajoutée sur le plan économique et sur le plan social, et nous ne pouvons le sacrifier sur l'autel de la compétitivité économique. En notre qualité d'Européens, nous ne pouvons pas nous laisser séduire par les résultats apparemment positifs enregistrés aux États-Unis en matière de création d'emplois. En dépit de l'augmentation de l'emploi, la pauvreté y a crû dans des proportions considérables. Un Américain sur six est confronté à des difficultés alimentaires. Un tiers des familles frappées par ce problème sont des familles à revenu unique. L'absence de protection sociale a son prix, même en termes économiques, au travers des dépenses pour les régimes de sécurité, de lutte contre la pauvreté, de maintien de l'ordre…

En d'autres termes, la protection sociale et l'emploi ne doivent pas être des objectifs politiques antagonistes, mais complémentaires.

4. LA RÉPARTITION DES TÂCHES AU PLAN EUROPÉEN : QUI FAIT QUOI ?

Dans cette quatrième section, nous nous pencherons sur quatre sujets : 1) l'harmonisation *versus* l'autonomie, 2) la privatisation de la sécurité sociale, 3) la convergence sociale, et 4) la formation des salaires.

(1) L'harmonisation totale de la fiscalité et, pas davantage, l'harmonisation de la politique sociale au niveau européen ne sont pas des objectifs à poursuivre. Les écarts sont trop grands en la matière. Il faut que, dans un premier temps, les États membres puissent dans ces domaines conserver une certaine autonomie. L'Union européenne doit cependant définir un cadre pour donner un contenu authentique à cette autonomie. Du fait de l'Union monétaire, ils ne disposeront plus de différents leviers en matière de politique sociale, de politique fiscale et aussi de politique salariale.

(2) L'organisation, la structure et les méthodes de financement de la protection sociale ainsi que la législation sociale doivent en premier lieu rester une compétence nationale. Nous ne devons pas permettre que certains se servent du débat européen sur ce plan comme d'un alibi pour la privatisation des systèmes sociaux. Tel est le cas en Belgique en ce qui concerne le débat sur les pensions. Nous devons éviter que la discussion sur la modernisation des systèmes de pension mène à des situations injustifiées, par exemple l'engouement pour la privatisation et la capitalisation, fondé sur des raisons idéologiques. La Commission européenne voit, elle aussi, le danger spécifique de cette discussion. Dans sa dernière communication sur la modernisation de la sécurité sociale (CCE, 1997), elle attire également l'attention sur le fait qu'une transition abrupte de la répartition à la capitalisation susciterait un nombre considérable de problèmes imprévisibles.

(3) Il faut préparer l'introduction de normes de convergence sociale qui devraient prendre la forme d'un certain nombre de règles minimales en matière de politique sociale. Celles-ci comportent aussi bien l'emploi, en ce compris l'éducation et la formation et la politique axée sur des groupes cibles, que la protection sociale et la fixation du niveau des salaires. Nous devrions pouvoir continuer à

développer les propositions que la Commission européenne a présentées en préparation au Sommet de Luxembourg. Il paraît utile que la Commission poursuive cet exercice en concertation avec le Comité consultatif pour l'emploi et les questions liées au marché du travail (créé en décembre 1996 par le Conseil Affaires sociales et repris de manière formelle dans l'article 130 du traité d'Amsterdam (nouvelle numérotation)). Il faut ici en première instance se préoccuper de l'harmonisation des instruments de mesure, non seulement pour les statistiques relatives au chômage et à l'emploi, mais aussi pour l'efficacité des systèmes de sécurité sociale. D'ailleurs, l'étude sur le « serpent social européen » que l'Université Libre de Bruxelles (ULB) a effectuée doit être reprise (Dispersyn *et al.*, 1992).

Cette convergence sociale doit prendre en compte trois éléments : 1) le taux d'emploi exprimé en équivalents temps plein. Ceci peut être affiné par des objectifs tels que ceux indiqués à Luxembourg. 2) Préserver et, le cas échéant, relever la contribution des États membres à la protection sociale (exprimée en pourcentage du PIB). Dans ce contexte, les États membres devraient tendre à la moyenne des trois meilleurs résultats. 3) Les écarts existants entre les revenus les plus faibles et les revenus les plus élevés dans un État membre doivent être réduits. L'obligation d'introduire un revenu minimum garanti et un salaire minimum garanti peut être considérée comme un premier pas dans cette voie.

(4) Le renforcement du rôle de la concertation sociale européenne doit permettre aux partenaires sociaux de trancher le problème de la fixation du niveau des salaires. Nous connaissons en Belgique la norme salariale qui se fonde sur le principe que nos salaires n'augmentent pas plus rapidement que ceux de nos principaux concurrents, c'est-à-dire la France, l'Allemagne et les Pays-Bas. Si nous nous trouvons dans une zone économique et monétaire unique, elle pourrait être à la merci de la compétitivité. Nous avons donc besoin d'un mécanisme européen, dans lequel les États membres et les secteurs auraient encore une marge de manœuvre suffisante pour maintenir leur autonomie. Cette position est d'ailleurs partagée par le président néerlandais du Comité de l'emploi, M. Borschlap, qui l'a présentée devant la Commission pour l'emploi et les affaires sociales du Parlement européen.

5. L'UNION MONÉTAIRE : LE FER DE LANCE D'UNE DÉMOCRATIE PLUS AFFIRMÉE ?

Le débat que nous menons aujourd'hui porte sur la faisabilité de la société. Il s'agit essentiellement d'un débat idéologique, souvent faussé par des contestations en matière de compétences et par des discussions sur la subsidiarité et le pouvoir des institutions.

L'instauration d'une Europe sociale et fiscale devient un impératif économique. Nous nous installons dans la mondialisation, où l'économie de marché prend le pas sur le politique. Il s'agit de savoir si la politique doit retrouver la primauté sur ce point, ou bien si nous continuons à croire que l'économie de marché permettra à la longue de trouver une solution à cette inégalité sociale de plus en plus marquée. Je me range sans le moindre doute du côté de ceux qui optent pour la prépondérance de la politique sur l'économie, car c'est à l'élément politique qu'incombe la responsabilité de modeler la société.

Ceci vaut également dans la discussion sur l'avenir de l'Europe. Plus l'Europe se profile démocratiquement, plus forts nous serons pour renforcer notre modèle social, dans lequel l'emploi et la sécurité sociale, l'emploi et la sécurité des revenus pourront aller de pair. À cette fin, il faut que soit supprimée la règle qui veut que les décisions du Conseil en matière de fiscalité, de financement de l'emploi, et de sécurité sociale soient prises à l'unanimité, ce qui paralyse les travaux. Il est contraire à la démocratie qu'en exprimant son veto, un pays puisse à lui seul bloquer tout progrès dans ce domaine. C'est pour cette raison qu'il convient donc de renforcer le rôle de l'organe législatif, c'est-à-dire le Parlement européen, et celui de la gardienne de la politique communautaire et de l'organe exécutif, c'est-à-dire la Commission européenne.

Pour atteindre cet objectif, les acteurs politiques et sociaux doivent s'organiser et se profiler en affirmant plus nettement leur caractère européen. La discussion que nous menons aujourd'hui doit être portée au niveau européen, au sein des familles idéologiques, mais aussi entre celles-ci et entre les experts des États membres et de l'Union, ainsi qu'entre les syndicats et les organisations patronales des États membres et entre les interlocuteurs sociaux au niveau européen, qui doivent se structurer de façon à recevoir eux aussi un mandat de négociation. Cela signifie également qu'il convient de renforcer l'efficacité avec laquelle la politique est menée (notamment en supprimant le principe de l'unanimité) ainsi que la légitimité démocratique. Ceci vaut autant pour les institutions politiques que pour la concertation sociale.

RÉFÉRENCES

CCE (1993) *Croissance, compétitivité, emploi. Les défis et les pistes pour entrer dans le 21ème siècle. Livre blanc,* COM (93) 700 du 5 décembre 1993, Luxembourg, Commission des Communautés européennes.

CCE (1996) *La fiscalité dans l'Union européenne. Rapport sur l'évolution des systèmes fiscaux*, COM (96) 546 du 22 octobre 1996.

CCE (1997) Communication de la Commission. *Moderniser et améliorer la protection sociale dans l'Union européenne*, COM (97) 102 du 12 mars 1997.

Conseil de l'Union européenne (1997a) *Règlement 1466/97 du Conseil du 7 juillet 1997 relatif au renforcement de la surveillance des positions budgétaires ainsi que de la surveillance et de la coordination des politiques économiques*, JO L209 du 2 août 1997.

Conseil de l'Union européenne (1997b) *Règlement 1467/97 du Conseil du 7 juillet 1997 visant à accélérer et à clarifier la mise en œuvre de la procédure concernant les déficits excessifs*, JO L209 du 2 août 1997.

Conseil de l'Union européenne (1998) *Conclusions du Conseil ECOFIN du 1er décembre 1997 en matière de politique fiscale*, JO C2 du 6 janvier 1998.

Conseil européen (1997a) *Résolution du Conseil européen sur la croissance et l'emploi,* Amsterdam, 16 juin 1997, JO C236 du 2 août 1997.

Conseil européen (1997b) *Résolution du Conseil européen relative au Pacte de stabilité et de croissance*, Amsterdam, 17 juin 1997, JO C236 du 2 août 1997.

Conseil européen (1997c) Conseil européen de Luxembourg, *Conclusions de la Présidence*, Luxembourg, 12-13 décembre 1997.

Conseil européen (1997d) Réunion extraordinaire du Conseil européen sur l'emploi (Sommet sur l'emploi), *Conclusions de la Présidence*, Luxembourg, 20-21 novembre 1997.

Dispersyn, M., Van Der Vorst, P., De Falleur, M., Guillaume, Y., Hecq, Ch., Lange, B. & Meulders, D. (1992) *La construction d'un serpent social européen*, Étude de faisabilité, Bruxelles, Ministère de la Prévoyance sociale.

L'ÉTAT SOCIAL EUROPÉEN : PLAIDOYER POUR UNE UNION POLITIQUE[1]

Magda De Galan

INTRODUCTION

L'Union économique et monétaire devient chaque jour un peu plus concrète. Fin mars 1998, la Commission a présenté la liste des pays aptes à participer à l'euro. L'Institut monétaire européen a fait de même. En avril, le Parlement européen a été consulté. Le 1er mai, les ministres des Finances ont établi leurs recommandations sur les pays « prêts » et, le lendemain, le Parlement européen a exprimé son avis formel sur cette liste. Enfin, le 3 mai, le Conseil européen des chefs d'État et de gouvernement ont arrêté la liste définitive.

C'est aussi en 1998 que nous lancerons les négociations pour un nouvel élargissement de l'Union européenne. Nous devrons, dans la même foulée, entamer la réforme nécessaire de la Politique agricole commune et de la politique structurelle, tout en nous efforçant de concevoir le nouveau système de financement des politiques européennes. En 1999, nous devrons réaliser la troisième phase de la monnaie unique. Et enfin, la Belgique comme la France et l'Italie ont demandé l'ouverture d'une négociation institutionnelle avant le premier élargissement.

À ce simple énoncé des dossiers à venir, on comprend aisément que les années qui viennent seront tout, sauf simples. Nous aurons des difficultés. Nous aurons des surprises. Nous vivrons des crises. Dans une société toujours plus complexe, il convient d'expliquer tout ceci sans relâche à nos concitoyens. Comme il convient de leur expliquer également que la monnaie unique, accompagnée d'une réelle coordination des politiques économiques et d'emploi, constituent une première étape.

1. L'ASSAINISSEMENT DES FINANCES PUBLIQUES

La monnaie unique est souvent présentée comme un projet comptable, exclusivement monétariste, sans implications politiques et sans implications sociales. Pour preuve : les célèbres critères de convergence. Le long et difficile chemin de l'assainissement budgétaire a conduit certains à accuser l'Union européenne de tous les maux. Il s'agit là d'un mauvais procès. Les critères de convergence ne constituent pas notre projet, mais bien l'instrument de notre projet, un instrument bien nécessaire d'ailleurs. Il faut avoir le courage de reconnaître que la nécessité de rétablir nos finances publiques s'imposait à nous, avec ou sans monnaie unique. Il faut avoir le courage de reconnaître que, depuis les années 60, la gestion des finances publiques a dérapé dans de nombreux pays européens, et notamment en Belgique. Avec 140 % de dette par rapport à notre PNB, nous devions de toute façon réaliser l'assainissement des finances publiques.

Pourquoi cette rigueur budgétaire ? Non pas uniquement parce que son absence serait incompatible avec une Union monétaire mais aussi, et d'abord, parce que des déficits budgétaires importants sont injustes pour ceux qui doivent en payer la facture.

La réduction des déséquilibres au plan budgétaire : (1) permettra de diminuer la pression sur les taux d'intérêt et de libérer des moyens pour les investissements ; (2) elle lèvera l'incertitude et encouragera la confiance des consommateurs et des investisseurs ; (3) elle permettra de dégager à nouveau une certaine marge pour absorber des chocs conjoncturels, qui peuvent être asymétriques, et de répondre à certains besoins urgents ; et enfin, (4) elle évitera que les générations futures ne subissent le poids d'une dette publique élevée alors qu'elles seront confrontées au vieillissement de la population.

Emploi et protection sociale, en résumé. Deux domaines d'action où la subsidiarité l'emporte encore sur la supranationalité. Ceci justifie pleinement que l'on ait entrepris cela.

2. L'UNION ÉCONOMIQUE ET MONÉTAIRE

Pour ce qui me concerne, je prétends que l'Union économique et monétaire est un projet politique. Elle a d'abord été conçue comme une manière de renforcer et de consolider la coopération entre les États membres en créant une zone de stabilité monétaire moins dépendante vis-à-vis des marchés financiers internationaux. Dans ce grand marché européen, les coûts de transaction et de couverture liés aux opérations de change vont disparaître. De même que le recours aux dévaluations compétitives et aux contre-mesures que celles-ci entraînent, comme le renforcement des barrières commerciales par exemple, appartiendra résolument au passé.

L'UEM est aussi essentielle pour assurer l'autonomie et le poids de l'Europe dans l'économie mondiale globalisée qui se concrétise chaque jour davantage. L'euro rendra aussi l'Europe plus visible et plus tangible pour le citoyen. Enfin, l'UEM doit assurer l'irréversibilité mais aussi préserver la dynamique de l'intégration européenne à l'avant-veille de l'élargissement. À défaut d'Union monétaire, l'Europe pourrait ressembler à une simple zone de libre-échange, surtout après l'élargissement. Tels sont les objectifs prioritaires de l'Union économique et monétaire, et il s'agit bien là des objectifs d'un projet politique tant il est vrai que partager une même monnaie doit forger une confiance commune dans le futur.

3. L'UNION POLITIQUE : COORDINATION ET CONVERGENCE DES RÉSULTATS

Au plan politique, je suis convaincue que la monnaie unique est l'instrument moteur de la relance du processus d'intégration européenne. L'Union monétaire modifiera la manière dont la politique économique est menée en Europe. L'Union monétaire augmentera considérablement la coordination et le contrôle réciproque de la politique économique des États membres. Ce renforcement s'explique par le fait qu'il faut empêcher que des mesures de politique économique nationale ne soient contradictoires, entre elles, ou par rapport aux objectifs de stabilité de la politique monétaire commune. Il n'y a pas d'alternative à des politiques économiques saines.

Ce processus de coordination des politiques économiques et monétaires va plus loin que de simples normes du déficit public. Ainsi, par exemple, la nécessité d'une harmonisation fiscale se fera sentir de manière plus pressante dans une Union monétaire. Ce n'est, en effet, pas le fait du hasard si les discussions sur la coopération en matière d'impôts viennent de reprendre, après avoir été bloquées pendant des années. Abordons un instant le débat sur l'harmonisation fiscale qui est actuellement en cours. Si ce débat, qui se focalise essentiellement sur les impôts des sociétés et les impôts sur les revenus du capital, paraît d'ordre plutôt technique, il ne représente pas moins un défi politique essentiel. Force est de constater qu'une concurrence fiscale excessive comporte des risques majeurs. À défaut de coordination d'abord, d'harmonisation ensuite, les impôts sur les bases mobiles s'orienteront vers un « niveau zéro ».

Dans le contexte d'un grand marché européen où l'Union monétaire a bloqué définitivement les parités entre les monnaies, interdisant de fait les dévaluations compétitives, il ne faudrait pas que la fiscalité devienne un instrument national de compétitivité entre États membres et une variable d'ajustement en cas de choc économique particulier. Nous devons être conscients du fait que les tendances à une intensification de la concurrence fiscale se manifestent d'ores et déjà.

Le même raisonnement peut être tenu en ce qui concerne la sécurité sociale.

Les distorsions fiscales, instrument de compétitivité et/ou variable d'ajustement, conduisent inévitablement à rompre la solidarité qui est la pierre angulaire de notre contrat social européen et, partant, à pratiquer des coupes claires dans les programmes sociaux, entraînant une perte de bien-être et la rupture de la cohésion sociale. Or, s'il est une spécificité des États membres de l'Union européenne, c'est justement l'adhésion des citoyens à un modèle social qu'ils ont construit, en luttant, pour se protéger solidairement. La plupart de nos modèles de sécurité sociale ont trouvé leurs formes structurelles dès l'après-guerre. Au même moment, naissait l'idée du projet européen intégré. Il y a là un parallélisme significatif entre cinquante ans de paix des armes en Europe occidentale et cinquante ans de paix sociale.

Le modèle social européen a sans aucun doute suffisamment fait ses preuves. Cela n'empêche pas toutefois qu'il soit soumis, aujourd'hui, à de très fortes tensions. Trois principaux défis doivent être rencontrés :

(1) La solidarité, tout d'abord. Pour être viable, le modèle européen exige une grande loyauté de la part de tous – surtout en raison du degré élevé de solidarité qui en est le fondement. Cette solidarité s'exprime notamment au travers des modes de financement qui doivent se déplacer progressivement, mais substantiellement, du facteur travail vers le facteur capital.

(2) La légitimité, ensuite. C'est pourquoi, le marché du travail doit être restructuré afin de donner des chances nouvelles à tous ceux qui se trouvent exclus du marché de l'emploi. C'est pourquoi, il nous faut élaborer des formes nouvelles d'assurance et de protection contre les effets du vieillissement de la population.

(3) La responsabilité, enfin. Nous devons également maîtriser l'évolution des dépenses sociales. Cette maîtrise des dépenses est cruciale dans la perspective du vieillissement de la population. À défaut de mesures adéquates, notre société risque de se trouver confrontée à une diminution de la prospérité pour les générations futures et à des caisses de pension de moins en moins pleines.

4. LA CONVERGENCE FISCALE ET SOCIALE

Une convergence dans les domaines de la fiscalité et de la protection sociale devient d'autant plus importante que l'effort de convergence se concrétise dans un nombre croissant de domaines d'action.

Les économies n'agissent pas dans le vide. Il n'y a pas d'intégration économique sans mesures fiscales communes, sans mesures sociales communes, sans mesures environnementales communes. Si la convergence fiscale et sociale ne se réalise pas, les États membres risquent de se faire la concurrence dans ce domaine, ce qui serait finalement néfaste pour le citoyen européen qui reste l'objectif premier de la construction européenne.

En d'autres termes, l'Union monétaire ne sera viable à long terme que si elle s'assortit d'une intégration politique. L'Union monétaire n'induira toutefois pas automatiquement une intégration politique. Même si sa mise en place aura des effets en ce sens, il faudra néanmoins une réelle volonté politique pour poursuivre dans cette voie. C'est pourquoi l'idée de « gouvernement économique » qui a été soutenue par la France et la Belgique est si importante. Il s'agit bien d'une Union économique et monétaire – qui doit nous amener à une Union politique, sociale et culturelle – que nous construisons.

À ce stade, il est donc nécessaire de réfléchir aux compléments et aux améliorations que nous voulons apporter à ce processus d'intégration européenne. Pour faire face au projet de certains de se servir du prétexte de l'UEM pour déréguler le marché du travail et diminuer la protection sociale et pour que les citoyens légitiment pleinement l'idée européenne, il faut définir une politique sociale ambitieuse qui sache tenir compte tant de la diversité de nos systèmes que de nos objectifs communs qui nous distinguent des États-Unis ou du Japon.

Nous avons demandé à l'Observatoire social européen de poursuivre les réflexions sur l'idée de convergence sociale. Il s'agissait, d'une part, d'essayer de comprendre de manière approfondie les dynamiques en cours et, d'autre part, de présenter des suggestions pour une action des pouvoirs publics. L'Observatoire nous a remis une première étude. Celle-ci partait d'une analyse poussée des effets de l'Union monétaire en matière sociale et des différents défis à relever (voir OSE, 1997 et OSE, 1998). Elle propose une stratégie en trois dimensions :

(1) politique : au travers de l'échanges d'expériences et la mise en place progressive d'objectifs communs ;

(2) juridique : par l'établissement d'un socle des droits sociaux communs ;

(3) économique : par l'ébauche de systèmes de solidarité.

Enfin, la réflexion de l'Observatoire portait sur la création d'un fonds de stabilisation dans le cadre de l'Union monétaire.

L'histoire sociale de nos pays s'est réalisée au travers des luttes et des compromis entre des acteurs sociaux et au travers de choix politiques effectués par les gouvernements. Au plan européen, il en sera de même. Le choix de la convergence est donc un choix politique : celui de préserver le modèle social européen dont la sécurité sociale constitue un des piliers fondamentaux, tout en reconnaissant la diversité des formes qu'a prise ce modèle. Il ne s'agit pas d'harmoniser mais d'éviter que la concurrence ne s'exerce au travers d'une réduction de la protection sociale et des droits sociaux.

La convergence vise à ce que les systèmes, avec leurs particularités propres – résultats d'histoire longue et de choix collectifs – produisent un résultat qui soit sinon identique, du moins comparable. Cela veut dire également qu'il n'existe pas une seule solution *(one best way)* pour faire face à un problème mais différentes solutions devant mener à un objectif commun. La définition progressive d'objectifs communs peut se rencontrer de diverses manières. C'est en quoi la démarche de la convergence s'éloigne de celle de l'harmonisation.

Le gouvernement belge a présenté dans le cadre de la conférence intergouvernementale des propositions visant à renforcer la dimension sociale de l'Union européenne, et particulièrement le texte de l'accord social du traité de Maastricht. Nos partenaires n'ont pas souhaité modifier le texte cette fois. Lors de la prochaine réforme des traités, il sera nécessaire de revenir sur ce chantier.

Alors que les conclusions du Sommet extraordinaire sur l'emploi parlent de concertation avec les partenaires sociaux, notamment sur la mise en œuvre de la Charte sociale des travailleurs de 1989, il est souhaitable que la réflexion sur la convergence des systèmes soit à nouveau activée au plan européen.

Les systèmes de protection sociale se trouvent dans les divers pays européens confrontés à deux défis : tout d'abord, que le rétablissement de l'équilibre des finances publiques à moyen terme, tel que prévu dans le Pacte de stabilité et de croissance, ne se fasse pas au détriment de la protection sociale ; d'autre part, que les mesures en faveur de l'emploi ne considèrent pas la protection sociale comme un coût mais également comme un facteur productif.

C'est pourquoi, j'estime nécessaire, comme le proposait l'étude de l'Observatoire, d'élargir le Conseil Affaires sociales en liant les réunions des Conseils Ecofin/Affaires sociales avec celles des ministres chargés de la Sécurité sociale. Économie, emploi et sécurité sociale forment un triptyque qu'il convient d'aborder dans son ensemble.

5. CONCLUSION

Lorsqu'il y a deux ans, la Belgique plaidait en faveur d'une intégration de la dimension sociale dans le traité, les premières réactions étaient plus que réticentes – et je pèse mes mots.

Lorsque, pendant la conférence intergouvernementale, la Belgique a déposé une proposition en faveur d'une coordination des politiques sociales européennes, à la majorité qualifiée dans tous les domaines, reposant sur un double processus de convergence et de droits sociaux fondamentaux, elle a forcé le débat et obtenu cette référence aux droits sociaux fondamentaux.

Il en ira de même avec les réformes institutionnelles qui sont nécessaires pour éviter que l'élargissement n'aboutisse finalement à une dilution du processus d'intégration européenne.

« Il faut laisser du temps au temps » et c'est un fervent partisan de la construction européenne, M. François Mitterrand, qui l'a dit.

Depuis plusieurs années déjà, la perspective de l'Union monétaire a sous-tendu et favorisé l'intégration européenne. Mais l'Union monétaire n'est pas l'étape finale du processus d'intégration européenne. Pour importante qu'elle soit, elle n'est qu'une étape dans un processus lancé au lendemain de la Seconde Guerre mondiale. Elle représente une étape mais aussi une impulsion nouvelle pour augmenter l'intégration économique, politique et culturelle, vers plus d'Europe et une Europe plus performante.

Je terminerai par une autre citation, non pas celle d'un homme politique ou d'un économiste, mais bien une citation d'un des meilleurs observateurs de la société européenne et mondiale, le philosophe allemand Jürgen Habermas : « Nous devons développer énergiquement des capacités d'action politique au niveau supranational. C'est seulement ainsi que la politique pourra croître en même temps que les marchés et apprivoiser une économie globalisée, de façon à sauver l'État social à l'échelle européenne. Au lieu de combattre l'Union monétaire européenne, il faut lui donner un fondement démocratique. Sans Union monétaire, il n'y aura pas d'Europe unie. »

RÉFÉRENCES

OSE (1997) *Union européenne et processus de convergence sociale*, Rapport complémentaire, Bruxelles, Observatoire social européen (2 volumes), miméo.

OSE (1998) « Union européenne et processus de convergence sociale », *Revue belge de sécurité sociale*, numéro spécial.

Note

[1] Ce texte est une version légèrement remaniée de l'intervention de Madame le Ministre lors du colloque sur « Les enjeux sociaux de l'Union économique et monétaire » qui s'est déroulé à Bruxelles le 20 janvier 1998.

L'EURO ET LA POLITIQUE SOCIALE[1]

Erik DERYCKE

En Belgique, nous avons utilisé l'alibi de Maastricht pour assainir notre économie et remettre ses structures sur la bonne voie. La Belgique n'avait pas besoin de l'euro pour le faire mais elle avait probablement besoin du coup de pouce donné par le stress lié à l'euro... Je me plais à répéter que toute cette opération d'assainissement représentait pour notre pays un investissement pour les générations à venir. La sécurité sociale belge a levé les voiles vers le XXIe siècle et le bateau ne prendra pas l'eau. Cela dit, ne nous limitons pas à la Belgique. Demandons-nous plutôt comment notre modèle de société va évoluer une fois l'euro en place. Je crois qu'en abordant ce sujet, nous sommes au cœur du thème qui va animer nos débats politiques dans les mois et les années à venir.

Je ne suis sans doute pas le premier à affirmer que l'approche de l'introduction de l'euro ne semble pas déchaîner l'enthousiasme débordant des foules. Il serait faux d'affirmer que nous vivons tous, le souffle suspendu, dans l'attente d'un événement historique de taille qui devrait se réaliser dans les prochains mois. En revanche, je me dois de souligner les efforts constants accomplis par les hommes politiques pour présenter cela de manière positive au travers de l'Europe. Loin de moi l'idée de semer le moindre doute quant à l'importance historique de l'euro : il s'agit bel et bien d'un projet politique de grande ampleur. Avec l'euro, le destin commun des citoyens européens va gagner en visibilité. Comment dès lors expliquer cette absence d'enthousiasme ? Nos citoyens ne sont pas convaincus qu'ils vont réellement tirer des bénéfices de l'euro et se posent les questions suivantes : l'euro va-t-il créer des emplois ? L'euro va-t-il garantir ma retraite ? Qu'en est-il de ma couverture au niveau santé ?

Ces questions sont fondées. J'ai affirmé à plusieurs reprises que, contrairement au passé, notre réussite dans le maintien de la paix et la sécurité sur notre continent ne suffira pas à convaincre les citoyens du bien-fondé de l'Union européenne. Les citoyens croiront et travailleront au projet européen uniquement si l'Union parvient à relever les défis socio-économiques d'aujourd'hui. L'introduction de l'euro en elle-même ne suffira pas. À cet égard, j'abonde dans le sens de la présidence britannique quand elle a fixé l'objectif suivant : l'Europe doit s'occuper des priorités des citoyens.

Il y a une règle importante en macro-économie qui dit qu'une zone monétaire ne peut être efficace et forte que si la cohésion sociale dans cette zone est également solide. Même d'un point de vue purement politique, on ne peut qu'approuver cette thèse. Je crois que le plus grand défi consistera à empêcher les règles du jeu en matière sociale, fiscale et d'environnement d'être remises en question ou minées au nom de la concurrence du marché. La perte de la devise nationale comme levier pour améliorer la position compétitive d'un pays entraîne le risque que l'on compense cette perte en intervenant en matière de charges sociales et fiscales. Il devient nécessaire d'atteindre un minimum de prescriptions et d'objectifs sociaux au sein de la zone monétaire et de les rendre aussi spécifiques que possible. J'aimerais vous rappeler que le besoin de règles minimales aux niveaux social, fiscal et environnemental était un des principes fondamentaux défendus par notre gouvernement lors des négociations de la conférence intergouvernementale.

Quels sont les instruments pour renforcer la cohésion sociale au sein de l'Union européenne ? Je pense que nous devons nous concentrer sur trois types d'action dans des domaines spécifiques, notamment dans les domaines macro-économique, de la politique régionale et des procédures décisionnelles.

(1) Le premier champ important est macro-économique. Le mécanisme euro-X nous procure un premier instrument, certes modeste, pour un ajustement politique d'une future politique

monétaire. L'embryon du gouvernement économique dont on parle beaucoup est désormais accessible. À l'avenir, d'autres leviers seront disponibles pour la conduite d'une politique de la demande, le cas échéant. Le plein emploi est certainement la pierre angulaire de la consolidation de la cohésion sociale.

(2) Un deuxième champ d'action important est celui de la politique structurelle ou, plus généralement, de la politique régionale européenne. Ce thème est au centre des débats depuis la publication de l'Agenda 2000 par la Commission. À mes yeux, la politique régionale demeure fondamentale et ce davantage dans la zone euro. J'ai eu l'occasion d'expliquer cette théorie au cours d'une rencontre entre étudiants américains et européens au Parlement européen. Lors de ce colloque, j'ai eu le loisir de dire qu'une politique régionale européenne pour renforcer la cohésion sociale au sein de la zone monétaire européenne est probablement plus importante qu'au sein de la zone dollar. Les différences culturelles qui caractérisent l'Union, sans parler des différentes langues, sont au centre du problème. Un Américain va tout naturellement déménager plusieurs fois au cours de sa vie professionnelle en fonction de l'évolution de la conjoncture économique des États fédéraux. Les Européens sont encore très loin de cela. Je suis en faveur d'une évaluation détaillée de la politique structurelle à mener dans la perspective de la zone euro. Nous nous rendrons peut-être compte qu'une solution plus efficace serait l'introduction d'une espèce d'impôt européen grâce auquel des transferts de solidarité seront effectués sur base fiscale.

(3) Un troisième type d'instruments que le gouvernement défendra avec force sont les processus de prise de décision. Nous n'atteindrons jamais une politique minimale sociale et fiscale si les décisions doivent être prises à l'unanimité. Notre pays a estimé que le besoin de plus de vote à majorité qualifiée était tellement urgent qu'il en a fait, avec la France et l'Italie, une condition préalable à l'élargissement effectif de l'Union européenne. Inutile de préciser qu'en effectuant cette démarche, la Belgique a pris une énorme responsabilité. À cet égard, le gouvernement a reçu le soutien inconditionnel du Parlement.

Pour conclure, je ne fais pas partie de ceux qui pensent qu'une fois l'euro en place, les politiques sociale et fiscale se mettront en place automatiquement. À cet égard, laissez-moi vous rappeler qu'un argument similaire a été invoqué lors de la création du Marché unique. Toutefois, l'euro entraînera un besoin renforcé de convergence sociale et une transparence accrue des structures de salaires et de prix. Les syndicats auront peut-être la tâche plus aisée à défendre des liens solidaires transnationaux auprès de leurs membres et dès lors créer une dynamique européenne.

Soyons honnêtes, une lutte sociale devra à nouveau être menée, non pas au sein des frontières nationales comme au siècle dernier, mais ce sera l'Union européenne qui sera le champ d'action. Une telle évolution nous apportera sans aucun doute l'Europe politique que nous attendons depuis si longtemps. Il est temps que tous les Européens se retroussent les manches et donnent l'impulsion politique adéquate à cette Europe.

Note

1 Ce texte est une version légèrement remaniée de l'intervention de Monsieur le Ministre lors du colloque sur « Les enjeux sociaux de l'Union économique et monétaire » qui s'est déroulé à Bruxelles le 20 janvier 1998.

CONCLUSIONS[1]

Sinikka MÖNKÄRE

Les réunions qui rassemblent des économistes et des personnalités politiques du secteur social, actifs à la fois au niveau national et international, se révèlent extrêmement utiles. En effet, l'UEM ne présente pas un intérêt uniquement pour les économistes. L'intégration européenne doit rallier les suffrages des peuples d'Europe, qui redoutent l'UEM parce qu'ils en ignorent tout. Nous, les politiques, ne pouvons éluder notre devoir, qui est d'envisager l'UEM sous tous ses aspects. Je fais ici allusion au discours inaugural de Madame le ministre Magda De Galan qui soulignait que l'UEM est également un processus politique et que les arguments en faveur de l'intégration ne sont pas uniquement économiques. C'est là, selon moi, une première conclusion. De fait, la stabilisation de nos économies n'est pas le seul défi auquel nous sommes confrontés : le chômage et le vieillissement de la population, pour ne citer qu'eux, causent également bien du souci aux États membres. Dès lors, l'UEM ne marque pas la fin de l'intégration, que du contraire. M. Freddy Willockx, du Parlement européen, l'a mis en exergue. Je crois que la plupart d'entre nous s'accordent à dire que nous devons instaurer un cadre économique et social, et prêter davantage d'attention aux politiques sociale et de l'emploi. L'amélioration du fonctionnement du marché du travail et la multiplication des incitations fiscales à la recherche d'un emploi ne doivent pas se solder par une diminution de la couverture sociale.

Soulignons que personne n'a vraiment remis en question le principe de l'UEM. On dirait que nous pressentons tous que la stabilisation de nos économies grâce à l'UEM, si elle se concrétise, jouera aussi à l'avantage de la politique sociale. Les critères de l'UEM ne sont rien d'autre que les indicateurs de la santé économique. Dans les premiers temps des préparatifs de la dernière conférence intergouvernementale, l'emploi n'était pas du tout à l'ordre du jour ; or, à présent, au lendemain d'Amsterdam et surtout de Luxembourg, avec le recul, nous pouvons nous targuer de progrès indéniables en la matière. Autant de succès qui devraient nous inciter à accorder à la protection sociale la place qui lui revient dans le programme de l'Union. Quant à la deuxième conclusion : la réalisation de l'UEM nous oblige à plancher sur la signification de l'intégration économique au niveau de la protection sociale et de la fiscalité à l'échelon européen.

Le professeur Niels Thygesen a mis en lumière les diverses pressions en faveur d'une coordination élargie des politiques macroéconomiques après la troisième étape de l'UEM. Les grandes disparités dans les structures d'imposition et dans les formes de financement de la sécurité sociale exigeront, dès que nous serons entrés dans l'ère de la monnaie unique, un contrôle plus attentif des dites structures. Après le Sommet pour l'emploi de Luxembourg, le contrôle conjoint des objectifs en matière d'emploi devra en outre faciliter la création de ces mécanismes dans d'autres secteurs. Toutefois, dans sa contribution, M. Cardani a démontré que lorsque l'on aborde la fiscalité au niveau européen, les attentes des États membres se révèlent déroutantes. J'ajouterai que lorsque les représentants de la Commission européenne parlent du rôle de l'UE en la matière, on ne sait pas toujours s'il faut entendre « harmonisation », « convergence » ou « contrôle ».

Il apparaît clairement qu'il existe une impérieuse nécessité de déplacer, dans toute l'Europe, la charge fiscale du facteur emploi à d'autres formes de taxation. La lutte contre le chômage est le plus grand défi que l'Union ait aujourd'hui à relever. Néanmoins, en matière d'imposition dans les États membres, les tendances à long terme se sont révélées défavorables à l'emploi. Faut-il y voir l'explication des chiffres élevés du chômage ? Pour un État membre pris isolément, il est impossible de changer de cap. C'est pourquoi, et j'en viens à ma troisième conclusion, nous devons envisager la fiscalité à l'échelle européenne, surtout une fois franchi le pas de la monnaie unique. De même, nous ne pouvons perdre de vue que la réforme du système de taxation a une incidence sur la protection sociale et ce, de deux manières : tout d'abord, l'imposition reste le principal mode de financement de la protection sociale ; ensuite, elle influe directement sur les allocations *(benefits)*, alors que la plupart des allocations sont imposables. M. Johannes Pakaslahti a démontré que les conséquences de l'UEM sur la protection sociale peuvent être à la fois positives et négatives. Personne ne sait exactement quelles en seront les retombées finales : elles dépendront de notre adhésion ou non à l'« idéologie » de l'État-providence.

Cependant, la création d'une politique sociale européenne commune, avec ses objectifs et ses instruments uniformes, se révèle plutôt malaisée. Je crois que cette prise de conscience s'est faite lorsque M. Patrick Venturini a parlé des instruments de l'Union européenne. Globalement, à tous les niveaux, nous disposons de trois mesures ou outils différents pour atteindre nos objectifs politiques : la « guidance » normative, l'allocation des ressources et la « guidance » informative. Je suis pour ma part certaine que nous pourrions mieux exploiter les instruments disponibles à l'échelon européen. Sans doute les normes minimales gagneront-elles en importance avant l'élargissement. Bien que l'allocation des ressources donne habituellement de très bons résultats, pourrons-nous accroître notablement les ressources à cet effet dans l'Union européenne ? C'est difficile à dire. On peut évidemment envisager la possibilité d'une meilleure répartition des ressources existantes. Je suis certaine que la majorité d'entre nous se réjouiraient d'une amélioration de l'échange d'informations dans l'Union européenne. Or, nous pâtissons d'un manque de données pour comparer la situation dans les différents pays. Il est impossible de fixer des objectifs communs ou de comparer les résultats si nous ne disposons pas des indicateurs *ad hoc*. M. Philippe Pochet y a fait allusion.

En outre, l'Observatoire social européen a soumis certaines propositions intéressantes au niveau de l'intégration sociale dans les États membres. C'est le genre d'initiative dont je me félicite. Je suis certaine que par le biais de ce type de débat ouvert, nous pouvons apaiser certaines craintes de l'opinion publique par rapport à l'intégration. J'insisterai ici sur le rôle des partenaires sociaux : en Finlande, une coopération entre ceux-ci et l'État se révèle très fructueuse, ce qui, je pense, a entraîné de part et d'autre une bonne compréhension des aspects économiques et sociaux de l'intégration.

Je crois que nous sommes tous d'accord pour dire que la troisième étape de l'UEM ne marquera pas la dernière phase de l'intégration européenne. Aussi devons-nous accorder une place de choix à la protection sociale et à la fiscalité dans l'ordre du jour européen. Ce qui ne veut pas dire, et j'en viens à ma quatrième conclusion, que les autorités nationales perdront leur rôle central dans la protection sociale. En effet, un consensus se fait jour : nous ne devrions pas tendre vers l'harmonisation de la protection sociale, mais plutôt vers la convergence et une meilleure coordination. Le national doit garder son statut prépondérant dans la protection sociale. En fait, je crois en ce paradoxe qui veut que si l'Union accorde davantage d'attention à la protection sociale, les États membres récupéreront au moins une partie des pouvoirs qu'ils ont abandonnés au marché libre international.

Note

[1] Ce texte est une version légèrement remaniée des conclusions de Madame le Ministre lors du colloque sur « Les enjeux sociaux de l'Union économique et monétaire » qui s'est déroulé à Bruxelles le 20 janvier 1998.

Annexe

LA CRÉATION D'UN FONDS DE SOLIDARITÉ ACTIVE EN LIAISON AVEC L'UEM

Proposition de l'Observatoire social européen[1]

Nous sommes partis de trois constatations distinctes qui constituent une base forte de consensus. (1) Personne ne remet en cause que le modèle d'Union monétaire adopté à Maastricht est imparfait. Il doit être complété par (au moins) une plus forte coordination des politiques économiques. La réalisation d'une Union politique est également nécessaire pour contrebalancer l'indépendance de la Banque centrale, d'une part, et d'autre part, pour concrétiser l'espace de solidarité et d'interdépendance que constitue une Union monétaire. Par ailleurs, l'ensemble des économistes, quelque soit leur tendance, mettent en évidence le rôle croissant de la régulation sociale comme facteur d'ajustement dans l'Union monétaire telle que bâtie dans le traité sur l'Union. Certains s'inquiètent de cette nécessité de flexibilité accrue, d'autres s'en réjouissent mais personne ne la nie. (2) Le sentiment de solidarité entre les citoyens des différents États de l'Union est faible et la volonté des gouvernements de réaliser un fédéralisme fiscal est relativement basse. On ne peut penser au vu de la renaissance des mouvements nationalistes dans divers États membres que la solidarité entre les pays et les citoyens de l'Union va se renforcer à courte échéance. De même, on constate dans différents États membres des tensions autour des mécanismes automatiques de solidarité interrégionale ou interpersonnelle. (3) Les instruments de solidarité entre les États membres ou vis-à-vis de certaines catégories (jeunes, chômeurs de longue durée, etc.) se concrétisent essentiellement au travers des Fonds structurels dont la part dans le budget communautaire n'a cessé d'augmenter. Ces fonds sont soumis actuellement à de fortes critiques portant sur leur efficacité. Un consensus existe sur la nécessité de renforcer la dimension emploi. Enfin, une révision générale est prévue pour 1999.

Face à ces défis, deux hypothèses principales ont été émises : premièrement, augmenter le budget communautaire (Rapport McDougall – pour un bref résumé, voir McDougall, 1993 ; Muet, 1995) et, deuxièmement, laisser les États membres libres de leur déficit (stabilisateurs automatiques) (voir, par exemple, Eichengreen, 1997).

Aucune de ces deux solutions n'a pour le moment des chances d'être adoptée. C'est pourquoi nous avons approfondi l'hypothèse d'un fonds de stabilisation (voir contribution de Niels Thygesen).

Ce nouveau fonds qui pourrait par exemple remplacer le fonds de cohésion (qui est déjà lié à l'UEM) aurait pour mission de financer des politiques actives de l'emploi menées par les États membres. Il se mettrait en place quand les indicateurs de chômage d'un(e) pays/région divergent de plus de x pourcent par rapport à la moyenne communautaire. Le modèle proposé dérive de celui proposé par Italianer et Pisani-Ferry (1992). En 1992, ces deux auteurs ont présenté un dispositif qui devrait permettre d'amoindrir les répercussions négatives des chocs qu'une politique monétaire commune ne pourra neutraliser. Il s'agit d'un instrument de stabilisation et non de redistribution. Les grandes lignes de leur raisonnement sont les suivantes.

L'instauration d'un mécanisme intergouvernemental spécifique de transferts de ressources garantirait temporairement un transfert de revenus aux partenaires confrontés à des difficultés conjoncturelles. En partant du constat que l'assurance chômage permet un transfert très sensible aux soubresauts cycliques, l'organisation de ce dispositif se fonde sur les variations de taux de chômage (d'après des méthodes harmonisées) observées sur douze mois dans un État membre par rapport à l'évolution dans le reste de l'Union. Un État confronté à un chômage dont le taux s'accélérerait plus rapidement que la moyenne de l'Union recevrait un transfert en pourcentage du PIB proportionnel à l'écart, calculé sur une période d'un an, entre le taux de chômage national et la moyenne européenne des variations du taux de chômage.

L'impact de la stabilisation dépend de la détermination de trois paramètres : d'abord, le seuil minimum des variations relatives de chômage permettant le déclenchement du dispositif de transferts financiers (ce pourcentage est déterminé afin d'éviter le risque, à notre avis plus théorique que réel, qu'un pays ne laisse filer son chômage pour bénéficier de la solidarité communautaire) ; deuxièmement, l'ampleur du paiement et, finalement, le montant annuel maximum par État membre.

Notre apport à ce schéma a été de lier l'action de ce fonds à des mesures particulières. Ainsi, seules des politiques dites actives d'emploi pourraient être soutenues dans le sens par exemple des recommandations concernant les Grandes orientations des politiques économiques (Conseil de l'Union européenne, 1997). Si cela est jugé utile, on pourrait ajouter comme actions finançables, des formations ou l'appui à des politiques visant à encourager la mobilité géographique. Comme nous l'avons vu, les taux de mobilité des personnes sont significativement différents aux États-Unis et dans l'Union européenne. Pour la définition des politiques actives, on pourrait également se baser sur la nomenclature de l'OCDE. En résumé, s'agissant de transferts budgétaires sous conditions, les États membres pourraient l'utiliser comme ils l'entendent dans la limite de politiques d'emploi actives dont la liste serait définie au niveau de l'Union.

En analysant les données pour 1990 (année où le chômage était en régression) et 1993 (année où le chômage était particulièrement élevé) les diverses dépenses actives et passives des États membres en matière de chômage en pourcentage du PIB, on peut mettre en évidence les valeurs suivantes (voir tableau). En 1990, le pourcentage du PIB consacré à des mesures actives variait de 0,36 au Luxembourg à 1,69 en Suède. Pour 1993, le Luxembourg est toujours le pays qui dépense le moins avec 0,24 % et la Suède le plus soit 2,89 %. Les mesures dites actives ont varié en % de la manière suivante entre 1990 et 1993.

A	B	DK	SF	F	D	GR	IRL	I	L	NL	P	E	S	UK
0,01	0,03	0,69	0,72	0,41	0,55	-0,11	-0,04	0,21	-0,12	0,20	0,23	-0,23	1,20	-0,03

Pour les mesures passives (garantie de revenu) en 1990, le Portugal est le pays qui dépensait le moins (0,42 %) et le Danemark le plus (4,4 %). Quant au coût des mesures passives en 1993, il s'étalait de 0,81 % en Grèce à 5,5 % du PIB au Danemark.

En calculant le coût en % du PIB communautaire, on obtient les résultats suivants : les mesures actives sont passées entre 1990 et 1993 de 0,86 % du PIB communautaire à 1,17 %, les mesures passives sont passées de 1,42 à 2,20 % du PIB. En d'autres termes, les États membres ont dépensé deux fois le montant du budget communautaire pour financer les prestations de chômage.

À titre de comparaison, si l'on additionne l'ensemble des mesures communautaires menées dans le cadre des Fonds structurels (objectifs 1, 2, 3, 4 et 5b) qui visent les « ressources humaines » ainsi que les ressources du fonds de cohésion, on aboutit à un total d'environ 57 milliards d'écus sur un total identifié à 140 milliards pour la période de programmation 1994-1999. Ce montant représente approximativement 0,15 % du PNB communautaire par an.

Au vu des réticences actuelles, son adoption de tel fonds constituerait un signe politique important. Il pourrait avoir un caractère hybride. Dans un premier temps, sa fonction principale serait de servir d'amortisseur pour des chocs asymétriques. Dans un deuxième temps, si les circonstances politiques le permettent (nous sommes ici dans un horizon temps de 2005), il deviendrait l'ébauche d'un mécanisme de solidarité. Au lieu de compenser des chocs qui peuvent toucher n'importe quel État membre ou région, il financerait structurellement des mesures actives en se concentrant sur les pays/régions où le chômage est le plus élevé.

Vu les montants en jeu, il est évident que ce fonds, même si ses moyens étaient fortement augmentés, n'a pas vocation à se substituer aux systèmes nationaux de sécurité sociale. Il vient s'ajouter aux mécanismes nationaux dans des circonstances précises. Il constitue en partie une forme d'assurance pour les systèmes de sécurité sociale nationaux. Si ceux-ci ont à faire face à un choc se traduisant en terme d'un taux de chômage plus élevé, ce fonds intervient automatiquement (après le dépassement d'un certain seuil). Mais il a également un impact en terme de solidarité directe puisqu'il s'adresse *in fine* à des personnes en situation de chômage ou de précarité.

Ce caractère hybride entre fonds de stabilisation et fonds de solidarité permet d'envisager son évolution ultérieure de manière souple.

Il faut encore préciser qu'il n'est pas censé financer les dépenses lorsque le chômage est en régression dans tous les pays et que les récessions sont en partie asynchroniques. Son impact serait ainsi plus important que le pourcentage du PIB qu'il représente le laisse entendre.

L'avantage de financer uniquement des politiques actives est que le niveau de solidarité dans l'ensemble géographique déterminé doit être moins élevé que pour des mesures passives (transferts). En d'autres termes, la probabilité que les gouvernements et les opinions publiques acceptent des mesures d'aide visant à la formation ou d'autres mesures dites actives est plus élevée que pour l'obtention d'un financement des allocations de chômage au niveau européen. Par ailleurs, son aspect de stabilisation fait que n'importe quel pays/région riche pourrait éventuellement en bénéficier. Par exemple, la Finlande frappée par un choc asymétrique suite à l'effondrement du prix du bois et du papier. Dès lors, il est impossible *a priori* de connaître l'identité des pays bénéficiaires, ce qui a pour avantage de réduire les discussions autour du budget communautaire. Dans la cohérence de notre schéma, le fonds régional se centrerait encore plus qu'auparavant sur les régions les plus pauvres. Celui-ci constitue lui une ébauche d'une solidarité interrégionale. Un dernier élément porte sur la visibilité des mesures. Il faudrait simultanément un système extrêmement transparent et un système qui ne risque pas d'être mis en cause chaque année. La méthode de surveillance multilatérale semble la plus appropriée. Elle combine la visibilité politique tout en réduisant les chances d'avoir des discours ou actes de type populiste étant donné que cette surveillance se ferait au plus haut niveau.

Un problème effectif est de savoir quelle base on choisit pour le chômage. La base nationale cache en effet des divergences régionales qui ont tendance à s'accentuer. Comme l'indique la Commission : « Alors même qu'un processus de convergence entre États membres se manifeste, la cohésion économique et sociale semble enregistrer un recul à l'intérieur de la plupart d'entre eux pendant les années 90, recul qui a pris la forme d'un élargissement des écarts de revenu et de chômage. » (CCE, 1996).

Si les nouvelles propositions communautaires et la position de certains États membres rendent dans l'immédiat peu crédible notre proposition de fonds de solidarité, il y a néanmoins un élément qui joue en sa faveur : l'Union monétaire devrait être une union large dépassant le cadre de la zone mark. Dès lors, des instruments nationaux ou européens de solidarité s'avéreront nécessaires. Le débat en Finlande peut constituer un bon exemple à cet égard.

RÉFÉRENCES

CCE (1996) Premier rapport de la Commission sur la cohésion économique et sociale, COM (96) 542 du 8 avril 1997, Luxembourg, Commission des Communautés européennes.

Conseil de l'Union européenne (1997) *Recommandation du Conseil du 7 juillet 1997 concernant les grandes orientations des politiques économiques des États membres et de la Communauté*, JO L209 du 2 août 1997.

Eichengreen, B. (1997) "Saving Europe's Automatic Stabilisers", *National Institute Economic Review* No.10, pp.92-98.

Italianer, A. & Pisani-ferry, J. (1992) « Systèmes budgétaires et amortissement des chocs régionaux : implications pour l'Union économique et monétaire », *Économie Prospective Internationale*, n°51.

McDougall, D. (1993) "Economic and Monetary Union and the Community Budget", in Coates, K. *et al.* (1993) *European Recovery Programme*, Nottingham, Spokesmen for European Labour Forum (ELF), pp.53-61.

Muet, P-A. (1995) « Union monétaire et fédéralisme », *Revue de l'OFCE*, n°55, octobre 1995.

Note

1 Cette proposition a été développée de façon plus détaillée dans le rapport de recherche « Union européenne et processus de convergence sociale », *Revue belge de sécurité sociale*, numéro spécial, 1998, 183 p.

BIOGRAPHIES

ANGELO MARCELLO CARDANI

Angelo Cardani (né en 1949) est membre du cabinet du Commissaire Mario Monti à la Commission européenne (Bruxelles), et maître de conférences en économie à l'Université Bocconi (Milan) (en congé). Il a été directeur général et membre du conseil d'administration de l'International Management Institute (Institut international de gestion) de St-Pétersbourg (1989-1995), ainsi que membre du comité des relations internationales à l'Université Bocconi (1984-1994). Il a été *visiting fellow* du *National Bureau of Economic Research* à New York (1980-1985). Il a fait partie du comité d'experts chargés de la politique économique, au bureau du Premier ministre, à Rome.

MAGDA DE GALAN

Magda De Galan (née en 1946), Docteur en droit, est ministre belge des Affaires sociales depuis 1994. Elle a auparavant occupé les postes de ministre de l'Intégration sociale, de la Santé publique et de l'Environnement (1993-94), et a exercé la présidence du Conseil des ministres de la Santé publique et du Conseil des ministres de l'Environnement, dans le cadre de la présidence belge de l'Union européenne. De 1992 à 1993, elle a été à la tête du ministère des Affaires sociales et de la Santé de la Communauté française. Depuis 1989, Magda De Galan est bourgmestre de la commune de Forest, à Bruxelles, dont elle a également été échevin de l'Instruction publique et de la Jeunesse de 1983 à 1988. Elle a travaillé au Conseil National du Travail (CNT) de 1979 à 1981.

ERIK DERYCKE

Erik Derycke (né en 1949), licencié en droit, est ministre belge des Affaires étrangères depuis 1995. Auparavant, il a été secrétaire d'État à la Coopération au développement (1992-1995), ministre de la Coopération au développement et ministre-adjoint à la Politique scientifique (1991-1992), ainsi que secrétaire d'État à la Politique scientifique (1990-1991). Erik Derycke a, à partir de 1972, exercé la profession d'avocat et est membre du conseil communal de Waregem depuis 1989. Il est membre du Bureau du Parti socialiste flamand (SP) et président du SP de Waregem.

SINIKKA MÖNKÄRE

Sinikka Mönkäre (née en 1947), Docteur en médecine et en chirurgie, est ministre finlandais des Affaires sociales et de la Santé et ministre au ministère de l'Environnement (logement et construction) depuis 1995. Depuis 1981, elle est membre du conseil municipal d'Imatra, dont elle a d'ailleurs été présidente (1985-86 et 1994-95). Elle a également été membre du Conseil exécutif de la ville d'Imatra de 1981 à 1983. Sinikka Mönkäre est députée (1987-91, et depuis 1995) du parti socio-démocrate. Elle a été chef de service adjoint du centre médical d'Imatra de 1991 à 1995.

JOHANNES PAKASLAHTI

Johannes Pakaslahti (né en 1945), Docteur en Économie, est chef de l'équipe d'experts de haut niveau du programme Phare consensus (Bruxelles). Auparavant, il a été conseiller spécial sur l'intégration européenne auprès du ministère finlandais des Affaires sociales et de la Santé. Depuis 1996, il fait partie du comité CIG du gouvernement finlandais (groupe de travail « Dimension sociale de l'UE »). Il a par ailleurs été membre du groupe de travail sur la CIG du ministère finlandais des Affaires sociales. Depuis 1995, il est membre du *Team Europe* au sein de la Commission européenne, en tant que porte-parole et qu'expert de la politique sociale et de l'économie.

PHILIPPE POCHET

Philippe Pochet (né en 1958), diplômé en coopération au développement et licencié en sciences politiques, est directeur de l'Observatoire social européen (Bruxelles) depuis 1992. Il est *Digest Editor* du *Journal of European Social Policy* et membre du groupe de recherche « l'UEM et le modèle de société européen », *Council for European Studies*. En outre, il est membre du Groupe d'Études Politiques Européennes (GEPE). Ses principaux domaines de recherche sont les conséquences sociales de l'Union monétaire, la dimension sociale de l'Union européenne et les défis de la mondialisation.

NIELS THYGESEN

Niels Thygesen (né en 1934) est professeur d'économie à l'Université de Copenhague depuis 1971. Il a occupé les postes de chef de la division monétaire de l'OCDE et de conseiller économique auprès du ministre des Finances de Malaisie, ainsi que de conseiller à la *Nationalbank* danoise. Il a fait partie de plusieurs groupes d'experts de l'intégration monétaire et de la coopération macro-économique dans la Communauté européenne, y compris du *Committee for Monetary Union in Europe* (Comité Schmidt-Giscard). Lors de la réunion du Conseil européen de Hanovre (juin 1988), Niels Thygesen a été désigné comme l'un des trois experts indépendants du Comité Delors, qui était chargé du rapport sur l'Union économique et monétaire.

BART VANHERCKE

Bart Vanhercke (né en 1971), licencié en sociologie, est chargé de recherches à l'Observatoire social européen depuis 1996. Ses principaux domaines de recherche sont la politique de la santé et les conséquences sociales de l'élargissement de l'UE. Il était responsable de la guidance scientifique et de l'organisation pratique du colloque sur « Les enjeux sociaux de l'Union économique et monétaire » (Bruxelles, 20 janvier 1998). Bart Vanhercke a publié récemment une étude sur les Centres Publics d'Aide Sociale (CPAS).

PATRICK VENTURINI

Né en 1950, Patrick Venturini est diplômé en gestion (HEC), en comptabilité, en sociologie (La Sorbonne, Paris) et en économie appliquée. Depuis février 1995, il est conseiller du directeur général de la DG V, chargée de l'Emploi, des Relations industrielles et des Affaires sociales, de la Commission européenne. Il est notamment chargé de diriger les travaux du *Policy and Perspective Group*. Patrick Venturini a fait partie du cabinet de J. Delors, Président de la Commission européenne (1988-1995) et du groupe de conseillers du Président de la Commission européenne (maintenant le *Forward Studies Unit*) (1986-1988).

FREDDY WILLOCKX

Freddy Willockx (né en 1950), licencié en sciences économiques, est député européen depuis 1994. Ministre belge des Pensions de 1992 à 1994, il a également occupé les postes de ministre des Postes et Télécommunications (1980-81 et 1988) et de secrétaire d'État aux Finances (1980) ; en outre, il est député au Parlement belge depuis 1979. Freddy Willockx a été chef du groupe parlementaire socialiste (1989) ainsi que vice-secrétaire national du Parti Socialiste (1977-1979). Il a également siégé comme bourgmestre (1989), bourgmestre-adjoint (1974-1979) au sein du conseil communal de Sint-Niklaas (1971).

D'autres titres de la collection

« Travail & Société »

La politique sociale de l'Union européenne, Gilles SINTES,
ISBN 90-5201-512-0

Fonction consultative professionnelle et dialogue social dans la Communauté européenne, Jacques VANDAMME (ed.)
ISBN 90-5201-930-4

L'Europe au-delà du chômage, Raymond RACINE (ed.)
ISBN 90-5201-025-0

Work and Social Policies in the New Europe,
George SPYROPOULOS & Gabriel FRAGNIÈRE
ISBN 90-5201-023-4